U0894152

基诺族作为雨林中典型的山地民族，传说告别洪荒之后，他们就从牛皮大鼓里面走出来，来到了发祥之地杰卓山。从此基诺族就与亚热带山林结下了不解之缘。生产、生活中的一切几乎都是围绕着高山密林而展开的。

国家出版基金项目
NATIONAL PUBLICATION FOUNDATION

走近中国少数民族丛书

主 编/丹珠昂奔

基诺族

Jinuozu

朱映占 著

辽宁民族出版社

© 朱映占 2014

图书在版编目（CIP）数据

基诺族 / 朱映占著. —沈阳：辽宁民族出版社，2014. 12
（走近中国少数民族丛书 / 丹珠昂奔主编）
ISBN 978-7-5497-0932-8

Ⅰ. ①基… Ⅱ. ①朱… Ⅲ. ①基诺族 — 民族历史 — 中国 ②基诺族 — 民族文化 — 中国 Ⅳ. ①K287.8

中国版本图书馆CIP数据核字（2014）第310538号

走近中国少数民族丛书·基诺族
ZOUJIN ZHONGGUO SHAOSHUMINZU CONGSHU·JINUOZU

丛书策划 / 李凤山

出版发行者：辽宁民族出版社
地　　址：沈阳市和平区十一纬路25号　邮编：110003
印 刷 者：沈阳市北陵印刷厂有限公司
幅面尺寸：170mm×240mm
印　　张：12.75
字　　数：180千字
出版时间：2014年12月第1版
印刷时间：2014年12月第1次印刷
责任编辑：李凤山　吴昕阳　李　欣
封面设计：杜　江
责任印制：杨　雪
责任校对：边京爱　林　华

标准书号：ISBN 978-7-5497-0932-8
定　　价：38.00元

法律顾问：陈　光
举报电话：024-23284336
邮购电话：024-23284335
联系电话：024-23284340
网　　址：www.lnmzcbs.com
淘宝网店：lnmz2013.taobao.com

版权专有　侵权必究
如有印装质量问题，请与出版社联系调换

《走近中国少数民族丛书》编辑委员会

主　编/丹珠昂奔（藏族）

副主编/武翠英　张学进　李凤山（蒙古族）

编　委/（按姓氏笔画为序）

巴哈提（哈萨克族）　白兰英（蒙古族）　白庚胜（纳西族）

吕　怡　朱　虹（蒙古族）　权春哲（朝鲜族）

吴昕阳（满族）　佟　强（蒙古族）　张学林（朝鲜族）

李有明（回族）　李　欣（朝鲜族）　李　璜

杜　江　陈　丹（彝族）　金顺玉（朝鲜族）

钟廷雄（壮族）　徐　凯　殷德俭

莫福山（藏族）　萨仁图娅（蒙古族）　黄如猛（壮族）

《走近中国少数民族丛书》作者名录

《蒙古族》 萨仁图娅（蒙古族）
《回族》 许宪隆（回族） 张龙（汉族）
《藏族》 丹珠昂奔（藏族）
《维吾尔族》 艾克拜尔·吾拉木（维吾尔族）
买力克·买买提（维吾尔族）
伊利迪尔（维吾尔族）
《苗族》 石莉芸（苗族） 李云兵（苗族）
《彝族》 陈国光（彝族）
《壮族》 黄佩华（壮族）
《布依族》 周国炎（布依族）
《朝鲜族》 黄有福（朝鲜族）
《满族》 于今（满族）
《侗族》 杨筑慧（侗族）
《瑶族》 玉时阶（壮族）
《白族》 董建中（白族）
《土家族》 罗中（土家族） 罗午（土家族）
《哈尼族》 朱志民（哈尼族） 李泽然（哈尼族）
《哈萨克族》 艾克拜尔·米吉提（哈萨克族）
伊拉达·拉音别克（哈萨克族）
《傣族》 赵瑛（傣族）
《黎族》 罗文雄（黎族）
《傈僳族》 鲁建彪（傈僳族） 欧光明（傈僳族）
《佤族》 郭锐（佤族）
《畲族》 钟亮（畲族）
《台湾少数民族》 林华（台湾少数民族）
《拉祜族》 苏翠薇（拉祜族）
《水族》 韦学纯（水族）
《东乡族》 马兆熙（东乡族） 马自祥（东乡族）
《纳西族》 白庚胜（纳西族） 孙淑玲（汉族）
白羲（纳西族）
《景颇族》 金黎燕（景颇族）

《柯尔克孜族》 阿地里·居玛吐尔地（柯尔克孜族）
《土族》 祁进玉（土族） 东永学（土族）
《达斡尔族》 毅松（达斡尔族）
《仫佬族》 黎学锐（仫佬族） 黎炼（仫佬族）
《羌族》 雍继荣（羌族） 罗吉华（羌族）
周发成（羌族）
《布朗族》 陶玉明（布朗族）
《撒拉族》 马成俊（撒拉族） 马建新（撒拉族）
《毛南族》 韩德明（汉族）
《仡佬族》 周小艺（仡佬族）
《锡伯族》 阿苏（锡伯族） 盛丰田（锡伯族）
何荣伟（锡伯族）
《阿昌族》 们发延（阿昌族） 张斯齐（蒙古族）
《普米族》 朱凌飞（汉族） 杨周明（普米族）
《塔吉克族》 西仁·库尔班（塔吉克族）
阿力木江·西仁（塔吉克族）
《怒族》 李月英（傈僳族） 张芮婕（傈僳族）
《乌孜别克族》 吾尔买提江·阿布都热合曼（乌孜别克族）
《俄罗斯族》 乃珂热曼·依布拉音（塔吉克族）
《鄂温克族》 黄任远（汉族） 那晓波（鄂温克族）
《德昂族》 袁丽华（汉族） 王燕（汉族）
《保安族》 马少青（保安族）
《裕固族》 董潇红（裕固族） 王政德（藏族）
《京族》 吕俊彪（汉族）
《塔塔尔族》 卡米力·库尔马尤夫（塔塔尔族）
《独龙族》 李金明（独龙族）
《鄂伦春族》 王为华（汉族）
《赫哲族》 黄任远（汉族）
《门巴族》 陈立明（汉族） 张媛（汉族）
《珞巴族》 陈立明（汉族） 李锦萍（汉族）
《基诺族》 朱映占（汉族）

总序

中国是一个统一的多民族国家，几千年来，有着悠久历史和灿烂文化的少数民族，与汉族一道，在中华大地上繁衍生息，共同开发着这块土地，建设、发展、捍卫着这个古老而伟大的国家。各民族都是兄弟，相互离不开，都是这个国家的主人。习近平总书记在第二次中央新疆工作座谈会上发表重要讲话，指出：“要坚定不移坚持党的民族政策、坚持民族区域自治制度。民族团结是各族人民的生命线。要高举各民族大团结的旗帜，在各民族中牢固树立国家意识、公民意识、中华民族共同体意识，最大限度团结依靠各族群众，使每个民族、每个公民都为实现中华民族伟大复兴的中国梦贡献力量，共享祖国繁荣发展的成果。各民族要相互了解、相互尊重、相互包容、相互欣赏、相互学习、相互帮助，像石榴籽那样紧紧抱在一起。要在各族群众中牢固树立正确的祖国观、民族观，弘扬社会主义核心价值体系和社会主义核心价值观，增强各族群众对伟大祖国的认同、对中华民族的认同、对中华文化的认同、对中国特色社会主义道路的认同。”因此，坚持平等、团结、互助、和谐的社会主义民族关系，不断增进了解、紧密关系，深化友谊、建立牢不可破的感情基础，是中国社会转型期、改革攻坚期、矛盾多发期保持社会稳定、发展的基本要求，也是实现中华民族伟大复兴的中国梦的基本要求。

为了进一步宣传我国少数民族的历史文化和民族风情，增强对少数民族的认识，宣传党的民族政策和方针，加强各民族之间的了解与沟通，让读者了解少数民族文化，加深对我党民族政策的理解，中华人民共和国国家民族事务委员会文化宣传司和辽宁民族出版社共同策划了《走近中国少数民族丛书》。

依据上述原则，《走近中国少数民族丛书》的编写有以下三个特点：第一，采用图文并茂的形式、鲜活生动的语言、特色浓郁的图片以及丰富的民族常识链接，向读者展示我国55个少数民族的历史渊源、民族变迁、社会生活、文化艺术、风俗习惯、历史人物和民族区域自治政策的伟大实践。第二，作者多为本民族专家学者和与民族研究工作相关的专家学者，对自己撰述的对象既有深厚知识积累，也有真挚情感。第三，内容彰显了历史与现实、民族文化与地域文化、民族区域自治地方与散杂居地区少数民族生产生活的多彩画卷和轨迹，引导读者走近少数民族，聆听他们的古老传说，感受他们的发展变化，加深彼此的沟通和了解。这套《走近中国少数民族丛书》是面向民族干部和各级干部通览我国少数民族概况的普及读本，也是图书馆必备藏书。

《走近中国少数民族丛书》所揭示的每一个民族的历史，都承载着这个民族的文化，也承载着这个民族的发展和未来。中华大地孕育的55个少数民族多彩斑斓的民族文化，同汉族文化一道从远古走到今天，汇入了中华文化壮阔的历史长河。“共同团结奋斗，共同繁荣发展”，保护、传承和弘扬少数民族优秀文化，不仅是推动我国民族团结进步事业的重要内容，也是构建和谐社会、实现中华民族伟大复兴的中国梦的重要使命。期待通过《走近中国少数民族丛书》，使广大读者徜徉于少数民族多彩风情的同时，更加深刻地了解和认知中华民族多元一体的文化内涵，感受中华民族悠悠历史的深远与厚重。

丹珠昂奔

2014年6月26日

前言

基诺族 亚热带山林文化的创造者

分布着广袤雨林的西双版纳，总给人一种神秘的感觉，这种神秘源于这一地区动植物资源的多样性与民族文化的多元性。生活在雨林中的人们，因分布和居住海拔的不同，在与周边生态环境的适应过程中，创造和传承了不同的民族文化，这些民族文化，如同雨雾中的山林一样神秘而令人神往。

基诺族作为雨林中典型的山地民族，传说告别洪荒之后，他们就从牛皮大鼓里面走出来，来到了发祥之地杰卓山。从此基诺族就与亚热带山林结下了不解之缘，生产、生活中的一切几乎都是围绕着高山密林而展开的。

面对大自然的恩赐与约束，基诺族发挥智慧创造了十三年一轮的刀耕火种农业文化，在这个文化体系中，基诺人与森林保持着动态平衡，人们在利用自然的过程中，保持着适度的原则。

面对山林中丰富的植物资源，基诺族认识了上百种可以食用的野菜，山林成为基诺族的保鲜库，要吃菜时就上山林中去取。同样妇女上山采集时也秉承取之有度的原则，而且由于时间、地点和采集人等因素还往往会引发许多采集禁忌。

生活在茶山上的基诺族，很早就认识了茶树，并把其应用到自己的日常生活中来。基诺族种茶的历史几乎与基诺族自身的历史一样悠久。基诺族不仅有丰富的饮茶、吃茶文化，而且还有多样的制茶方法，以茶叶为媒介，基诺族与广阔的世界保持着从未间断的联系。

基诺族不仅种茶，而且好猎。对于深山密林中的飞禽走兽，基诺族把它们分为善、恶和中性三类，形成了约定俗成的狩猎对象，创造了丰富多样的狩猎文化。

山林不仅是基诺族的肉食之源，而且也是人们遮体取暖的原料来源之所。人们用树皮制作衣服和铺盖。在山地中种植棉花纺线织布，再用山林中的植物来把线染色，以此制作多彩的棉布，形成丰富的服饰文化。基诺族盖房起屋也离不开村寨周围的山林，林中的竹子、树木、茅草是基诺族建盖各式房屋中最常用的材料。人们不仅用林中的植物遮挡风雨，同时还用其中的一些传情达意，可以说，草木在基诺族社会中是会说话的一分子。

基诺族创造了丰富多彩的亚热带山林文化。这种文化离不开以氏族长老制为中心的各种社会组织的纽带作用。“每个基诺族人居住的寨子，都有年岁最长的老人。就像每一座青翠的山上，都有一棵最高大的树。”村寨中的氏族长老们依据物候的变化，安排着整个村寨一年四季的生产、生活。无论是个人的生老病死、婚丧嫁娶，还是家庭和村寨集体的事务，长老组织都发挥着主导作用。在长老权威的影响下，男女青年组织协助青年走向成年、走向社会；轮值组织通过服务工作牢固村民的集体观念。

基诺族的集体观念起初是在父系氏族大家庭中培养和形成的。在这个大家庭中，在家长的带领下，家庭成员分工合作，统一生产，彼此相互依赖。与此同时，村寨中不同的氏族通过婚姻相互连接，把同一个村寨中的不同的氏族整合在一起，形成一股团结的力量。村寨成为基诺族的基本单位，人们生于斯，长于斯，死于斯，树林掩映的村寨是基诺人的精神归属之地。

在村寨中，大鼓既是人们崇敬的对象，也是人与神灵沟通的媒介物。在大鼓神圣性体现者——长老的权威之下，祭司——白腊泡掌管着人与鬼神的沟通；草医——雌师负责解除人们身体上的病痛。在基诺族村寨中人与自然、人与社会、人与超自然的关系都得到了妥善安排。山林、村寨和基诺族组合在一起，呈现出了一幅自然生态的和谐画面。

基诺族聚居的基诺山、补远山等地从来都不是封闭之地，茶商、马帮很早以前就穿梭于此。在与外界持续不断的交往中，基诺族了解了外面的世界，丰富了自己的文化。

经过半个多世纪的发展，特别是1979年基诺族被国家确认为单一民族以来，基诺族经济社会、文化事业各方面都取得了跨越式发展。在国家各项民族政策、经济社会发展政策的实施过程中，基诺族已经基本摆脱了贫困，正逐步向富裕的小康社会迈进。

今天，有越来越多的基诺人走出了世代生息的大山、雨林，但是无论走到哪里，山林文化依旧是他们的根基所在。本书的写作过程在一定程度上而言就是对基诺族山林文化的一次寻根之旅，希望这样的旅程能够帮助读者打开一扇认识基诺族文化的窗户。

目录

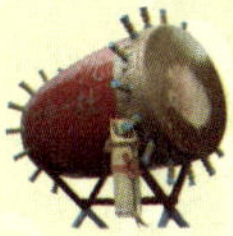

第一章
基诺族的由来与发展

在神奇美丽的西双版纳亚热带丛林之中，生活着一个古老而年轻的民族——基诺族。说她古老是因为传说洪荒时代她就居住于此而繁衍；说她年轻则是因为到清代才有关于她的可考历史记载，并且她还是现今中华民族大家庭成员中最晚被识别的民族。

“藏在深山人未识”，仍然是基诺族于外界而言的真实写照。因此，走近基诺族，去了解她的历史与现实，必将增进人们对基诺族的认识，促进中华民族大家庭成员之间的互敬互爱之情。

纪念国家确认基诺族30周年庆祝大会

基诺山中的木棉花

族称与族源

每个民族的族称都承载着独特的含义。每个民族都努力探寻自己的来源之地。基诺族族称的演变反映了其社会历史的变迁轨迹。关于基诺族来源的不同学说，丰富了基诺族的历史。

多样的族称

基诺族自称“基诺”，“基”在基诺语中为舅舅的意思，“诺”为后边或后代的意思，“基诺”合起来意思为“舅舅的后代”，故基诺族有“尊敬舅舅的民族”的含义。尊敬舅舅也是基诺族现实社会的真实写照。在基诺族社会中，舅舅的重要性和对舅舅的尊重体现在多个方面。村社举行上新房仪式，新房主人必须去请舅舅；舅舅有养育丧失父母的外甥直到他成家立业的义务，而外甥结婚时则必须征得舅舅的同意，方可举行婚礼；新郎将新娘娶回家时，要付给新娘舅父一些抚养费或接人费。如果外甥是非婚生子，其监护权属于舅父，并且取名时要与舅父连名。基诺族甚至认为儿童或青少年消瘦不思饮食时，只要吃了舅舅嚼过的饭，病情就会很快消失。

举办婚礼前，新郎家给新娘的舅舅送礼物

除了“基诺”这个统一的自称之外，历史上，基诺族还曾有“攸乐”“丢落”“三撮毛”（或写为“三作毛”）等称谓。而在傣文文献中还曾被称为“卡乐”或“卡诺”。有一部分基诺人还曾自称为“本人”。这些称谓的使用都与特定的时空相联系，并有着不同的历史背景。

关于“攸乐”这一称谓，一种观点认为“攸乐”其实就是“基诺”的谐音。另一种观点则认为“攸乐”是西双版纳傣泐语对基诺族的称谓与“卡乐”（或“卡诺”）的称谓相关。有学者根据文献考证认为西双版纳傣语称“在”或“居住”为“攸”，称基诺族为“卡乐”（也写作“卡倮”或“卡罗”），“卡”为“奴”或“俘”，“乐”为族称，故“攸乐”即“卡乐”。

古籍中的“三撮毛”像

“丢落”这一称谓则源于两个传说。一个传说是诸葛亮南征到达普洱、思茅一带后把基诺族丢落在基诺山，故称他们为“丢落”；另一个传说则称傣族首领叭比沙怒把基诺族遗落在了基诺山，所以称他们为“丢落”。

“三撮毛”的称谓则见于《宁洱县采访》《伯麟图说》、道光《云南通志》等地方志当中。这个称谓依据的是古代基诺人头顶留三撮头发的形象特征。

知识链接 **《伯麟图说》** 最重要的清代云南民族图册，涉及民族称谓100多种，有学者认为此图册已经散佚，有学者则认为该图册依然存世。

“本人”曾是景洪市勐旺乡补远一带以及基诺山基诺族乡的茄玛、阿俄绕、银厂等寨子基诺族的自称，人们通常认为“本人”就是“本地人”的意思。基诺山其他寨子的基诺族则称“本人”为“布忍”。

茄玛寨基诺族（乌尤支系）

> **知识链接** **诸葛亮** 字孔明，号卧龙，三国时期蜀国丞相，杰出的政治家、军事家、文学家。在蜀国与魏国和吴国三足鼎立而分天下的过程中发挥了重要作用。为稳固蜀国后方，诸葛亮曾率军南征至今天的云南，后成为云南少数民族崇拜的对象。

诸葛亮与基诺族塑像

三种不同的族源观点

关于基诺族的起源，主要形成了三种观点，即基诺山地区本地起源说、氐羌系民族南迁说和融合说。

本地起源说认为基诺族的发祥地在基诺山区一个叫“司杰卓米”的地方。这种观点的依据主要有三：其一，本民族的创世神话《阿嫫腰白》和洪水神话《玛黑玛纽》的记载；其二，基诺人死后送魂路线的终点就在今天基诺山境内；其三，基诺山的基诺族很晚还残存血缘家庭时代的风俗，说明基诺族很早就居住于此。

反映基诺族起源的广场雕塑

> **知识链接** **“司杰卓米”** 也写作“生杰左米”“生杰卓米”等，为基诺语，对此有两种解释：一种解释认为“司”意思为木鼓，“杰”为潮水，“卓米”为寨子，“司杰卓米”的意思就是“潮水退去木鼓落的地方建的寨子”；另外一种解释认为“司”是果子、官、识理等意，“杰”是数数、发现等意，“卓米”为寨子，“司杰卓米”就引申为“会数数的官住的寨子”。另外，“司杰卓米”还称为“亚塔亚尼”，意思为“阴阳不分的寨子”或“人鬼不分的寨子”。

氐羌系民族南迁说则认为基诺族与彝、哈尼等彝语支民族都是古代氐羌系民族由北而南迁徙过程中形成的民族。此种观点的依据也有三：其一，基诺族中广泛流传着诸葛亮南征“丢落”的故事；其二，基诺族使用的基诺语属于汉藏语系藏缅语族彝语支；其三，基诺族实行父子联名制等习俗与彝族、哈尼族等彝语

▲

基诺山区

支民族比较相似。

融合说认为基诺族是由基诺山的远古土著居民兼容古代氐羌人、汉人等民族成分逐渐发展演变而来的。这种观点的依据是：第一，基诺族与氐羌系民族、汉族在创世神话中所表达的宇宙观具有一致性；第二，考古资料表明在新石器时代基诺山地区已有人类居住，这些人是基诺族来源的一部分；第三，基诺族现存文化的多元性特征；第四，体质人类学调查表明基诺族在蒙古人种中既有东亚人种又有南亚人种的成分。

总体来看，关于基诺族的起源问题，本地起源说占据主导地位，比较流行。由于基诺族没有本民族文字，也就没有成文的历史记录。追溯她的起源和历史，口碑史料就显得特别重要，许多信息可以从中去寻找。

神话传说时代的基诺族

神话传说是历史事实的曲折反映。对于没有本民族文字的基诺族而言，在汉文文献和傣文文献记载基诺族的历史之前，今天的研究者，通过基诺族拥有的神话和传说来还原其早期的社会历史状况是一种必然选择。

阿嫫腰白创造和安排了一切

基诺族和许多民族一样，有着关于世界和人类起源的创世神话。基诺族认为，起初，宇宙间一片洪荒，不知经过多少时间，阿嫫腰白第一个来到了世间。她是一个力大无比的巨人，凭一己之力合拢了天地，安排了日月星辰，造就了高山、深谷、湖泊和平坝，用自己身上的污垢创造了自然界中的各种动物和植物，最后她还创造了人。

然而世间万物创造出来之后，世界却一片混乱没有秩序。于是阿嫫腰白又造了七个太阳，准备把一切都晒死，然后重新安排。七个太阳出来后，晒死了所有的植物，因此人类和动物都没了食物，从此相互之间争斗而食，世界更加混乱。见此情景，阿嫫腰白决定发大水把剩下的生物全部淹死，只留下人种。为了保留人种，阿嫫腰白就做了一个大鼓，把一对双胞胎兄妹（哥哥叫“玛黑”，妹妹叫“玛纽”）放进大鼓里面，并且在大鼓里放了两团糯米饭、一对铜铃、一把带鞘的小刀、一对贝壳。

阿嫫腰白安排好玛黑和玛纽兄妹之后，叫来了螃蟹和大虾，让它们把大地上的落水洞堵了起来，然后呼风唤雨。大雨整整下

基诺族大鼓

阿嫫腰白造像

知识链接 **“阿嫫腰白”** 也写作“阿嫫腰北”“阿嫫小贝”“阿嫫小北”“阿嫫晓白”“阿嫫杳孛”等，为基诺语的汉语音译。“阿嫫”意思为母亲；“腰”意思为大地；“白”意思为翻或做。因此，“阿嫫腰白”的意思为“做大地的母亲”。

了七天七夜，大地一片汪洋，世间的生物都被淹死了。只有玛黑、玛纽在大鼓里面随着洪水漂移，等洪水退后，大鼓落在了地上，大鼓里的铜铃响了起来，玛黑和玛纽用小刀把大鼓划开，走出了大鼓，来到叫“司杰卓米”的地方定居下来。

后来，阿嫫腰白又把繁衍出来的人类召集在一起，给大家重新分天分地，然而基诺人由于住得远，没有来参加。阿嫫腰白想着基诺人没有分天分地，以后生活会艰苦，就给基诺人留下了茶籽，从此基诺人就在基诺山开始种茶了。分完天地，阿嫫腰白又给大家分工具，基诺人拿了背箩和背板，这些工具在基诺人以后的生产和生活中发挥了重要作用。阿嫫腰白还为各种动物指定了生活区域和方式。安排好这一切后，阿嫫腰白还派汉人去帮基诺人造字，汉人把字写在牛皮上，交给了基诺人。但是基诺人拿着牛皮过河的时候，不小心把牛皮弄湿了，于是就把牛皮拿到火上烤，烤着烤着，牛皮被烤煳了，上面的字也看不清了。基诺人就灵机一动，想着，要是把牛皮吃到肚子里面去，那不就是把字也吃到肚子里面，记在心里面了吗？于是就把烤煳的牛皮吃到肚子里面，但是牛皮吃下去之后，基诺人发现自己一个字也记不住，所以至今基诺族都没有本民族的文字。

始祖玛黑、玛纽

玛黑、玛纽兄妹在“司杰卓米”定居下来之后，阿嫫腰白给了他们十颗葫芦籽，并叫他们分三窝种下，葫芦成活了一窝，这一窝当中有两颗籽长出了芽苗，其中一株只开花不结果，而另一株爬过了七座山、七条箐，开了花并结了一个大葫芦。葫芦成熟后，在玛黑的拉动下，滚落在地上，裂成三块，它们分别变成了草木、野兽和鸟虫。在“司杰卓米”，玛黑、玛纽也在一天天长大，到了婚嫁的年龄，这时世界上只有兄妹二人，为了繁衍人

类，玛黑、玛纽兄妹不得已结为夫妻，并在阿嫫腰白的帮助下，战胜了各种困难。婚后玛黑、玛纽生了七个子女，由于不知如何抚养孩子，他们的第一个孩子没有受到很好的照顾，就被蜂吃掉了。后来，玛黑、玛纽在阿嫫腰白变成的老奶奶的指导下，学会了许多生产和生活知识。此后，玛黑、玛纽又陆续生了六个子女，其中三个儿子，三个女儿。在玛黑、玛纽的精心照顾下，他们都活下来，并且长大以后又互相婚配。老大一对儿和他们的子女称为“乌尤”，老二一对儿和他们的子女称为“阿哈”，老三一对儿和他们的子女称为“阿西”。玛黑、玛纽三对儿子女繁衍的后代，逐渐就形成今天基诺族的三个支系。

▲

玛黑、玛纽造像

知识链接 **“乌尤”**意思为“头头”“树尖”；“阿哈”意思为“树杈”；“阿西”（或“阿细”“阿希”）意思为“树枝”。

被“丢落”的误解

基诺族被称为“攸乐”，有一种说法认为是“丢落”的音变，故基诺人也称为“丢落人”。

▲

老年妇女

知识链接 传说，三国时蜀国丞相诸葛亮率大军南征到普洱、思茅一带。在一次行军途中，有几个士兵贪睡，就被“丢落”在路旁，等这几个“丢落”的士兵醒来时，发现丞相率领军队已经走远了。他们日夜兼程追赶大军，最后在西双版纳的小黑江边赶上了队伍，但是军队已经过了江。诸葛孔明为了严肃军纪就不再收留他们，只是给他们留下茶籽和棉籽，叫他们就在此种茶植棉为生。于是这些人就在基诺山一带开始定居生活。孔明临走的时候，还丢下了自己的帽子，命他们按照帽子的式样建盖竹楼居住。后来基诺山的这些“丢落人”渐渐变成了“攸乐人”。

另外，在西双版纳傣族的传说和记述中，也有基诺族被“丢落”的故事。据说基诺族是傣族首领叭比沙怒领到西双版纳来的士兵。在军队行军经过基诺山在此过夜的时候，由于基诺族战士起床比较晚，叭比沙怒起得早，他们起床后找不到叭比沙怒，不知大队的去向，于是就被丢落在基诺山。因此他们就叫基诺族了。

据历史学家考证，孔明南征的军队并没有到达过西双版纳一带，显然也就不可能把士兵丢落在此地。基诺族被“丢落”之说是一种历史的误会。傣族首领叭比沙怒把基诺族丢落在基诺山之说，则更显牵强。一方面基诺族没人知晓叭比沙怒是何许人，另一方面基诺族与傣族相邻而居，但在体质特征和文化形态上差异都比较大，并且基诺族与傣族各自的民族认同也是不一样的。之所以会出现基诺族是傣族“丢落”之说，是古代居于统治地位的民族对其统治合法性的一种解释。

基诺族姑娘与傣族召片领的传说

基诺族与傣族虽然文化上有许多差异，但彼此相邻而居，相互交往的历史是比较早的。在两个民族交往的历史上，最让后人称道的是基诺族姑娘与傣族召片领的爱情与婚姻的故事。

据西双版纳傣族《泐史》记载：

有一老族女子，得一宝曰三尾螺，怀往景兰市场，适刀坎往游于市，见老族女子，非常中意，遂娶为后，喜极。久之，后犹无所出，乃谓刀坎曰："我主！大概因吾父母山居之故，致不有子。拟请制一摇篮，全部包以黄金，交干爹往招子魂。"刀坎依嘱即制一摇篮，并全部包以黄金，交其抬至岳父母所在之蛮雷祈子，无何，后果生一子，丽极，因名之曰刀暹答。一日，后偶至阳台，出三尾螺，忽失手坠楼下，适有一花颏猪走过，竟将三尾螺吞食之，自此刀坎对后遂觉厌恶，将他送往蛮雷岳父母处安置，命村人善为照顾其子，种山地为生，免村人贡礼杂差等，但不许出山，至刀暹答年有五岁时，其父方带回一同居住。刀坎共有三子，长即刀暹答，做王储，次子刀公满，食采于那闷竜，公满弟彪斐法，食采于景兰那先。……刀暹答于祖腊七五三年辛未，继承父位。

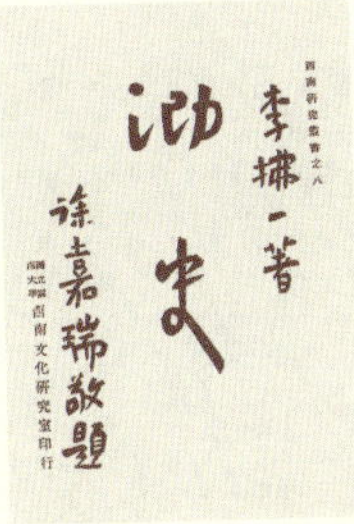

▲

汉译《泐史》书影

傣族客人来访

▼

20世纪80年代，傣族学者考证认为《泐史》所记载的老族女子，即为攸乐族（基诺族）姑娘。因此在其编写的《车里宣慰世系简史》把《泐史》中提到的老族女子直接称为攸乐姑娘。这就说明这个故事得到了两个民族的共同认可，是两个民族历史上友好往来的重要例证。

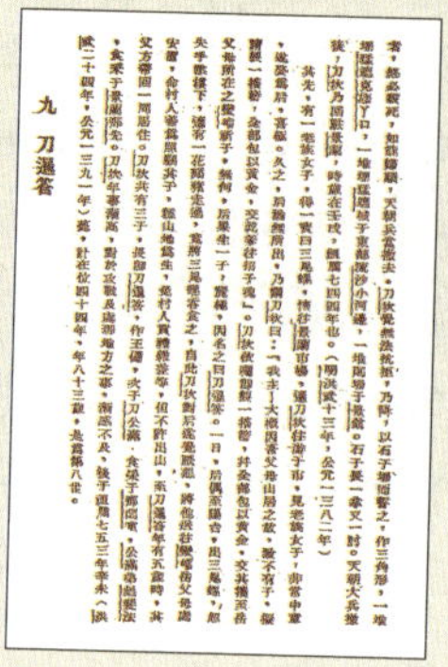
九 刀暹荅

《泐史》所载基诺族姑娘与傣族召片领的故事书影

知识链接 **召片领** 傣族历史上在西双版纳地区建立的“泐国”最高统治者的称谓，意思为“广大土地之主”，起初泛称地方上的部落酋长，后来才专门指西双版纳最高统治者，也即中央王朝所封的车里宣慰司使。自宋代叭真为第一代召片领，子孙世袭，至刀世勋共传38代，770年（1180—1950）。

历史文献中的基诺族

20世纪50年代以前，在中国浩如烟海的历史典籍中，涉及基诺族的文献并不多见，而且仅有的一些记载也往往辗转抄录，实质的内容并不多。即便如此，通过这些历史文献记载的梳理，我们还是能逐渐走近与特定时空相联系的基诺族。

目前，汉文文献中与基诺族相关的可考记载最早见于雍正《云南通志》卷五《疆域·普洱府》，其中记载了基诺族聚居的基诺山即“攸乐”山的地界与范围：“府南六百五十里为攸乐，东至南掌界七百五十里，西至孟琏界六百里，南至车里界九十里，北至思茅界四百四十里。”卷二十六《古迹·普洱府·攸乐》还对基诺山区的孔明山上的祭风台进行了介绍：“祭风台：在城南六茶山之中，登其上，可俯视诸山，相传武侯于此祭风。又呼为孔明山。”而在此志书附录的“形势”中还对基诺山的地形进行了描述：“攸乐：地衍平川，天开旷野，芟除荆棘可比成赋中邦。”上述记载主要介绍了作为特定地理空间的“攸乐”，尚未涉及此地人的生活情况。当然由此我们可以推知“攸乐”作为一个地名

至少在雍正王朝之前已存在。

此后，道光《云南通志》对基诺族相关的记载比以前的文献又有所增加。卷二十三《地理志》三之十三载：六茶山《旧云南通志》一曰攸乐，在同知治所。卷三十四《建置志》一之四《普洱府》载：雍正七年裁元江通判，以所属普洱等处六茶山及橄榄坝江内六版纳地，设普洱府，又设攸乐同知分驻攸乐，通判分驻思茅，其江外六版纳仍属宣慰司，岁纳粮银于攸乐。卷一百三十六《秩官志》七之六《普洱府》载：思茅厅攸乐土目《案册》管村寨三十二东至蛮海一百二十里；南至思通六十里；西至蛮撇三十里；北至孙牛四十里。雍正十年裁撤普安营，汛兵公举叭龙横管理附近村寨，传至刀直乃，乾隆四十五年袭。思茅厅攸乐山朴蛮土目《案册》管理蛮费、蛮谦、蛮秀、蛮控、蛮鸾、空格六寨。雍正十年喇乍匾充土目死，小头目先阿袭。卷一百八十七《南蛮志·种人》六之十《三撮毛》载：《宁洱县采访》三撮毛即

▲

基诺山基诺族乡政府驻地

传统民居

猓黑派，其俗与摆夷、僰人不甚相远，思茅有之，男穿麻布短衣裤，女穿麻布短衣筒裙。男以红黑藤篾缠腰及手足。发留中左右三撮。以武侯曾至其地，中为武侯留，左为阿爹留，右为阿嫫留。又有谓左为爹嫫留，右为本命留者。以捕猎野物为食，男勤耕作妇女任力。《伯麟图说》种茶好猎雉发作三髻，中以戴天朝，左右以怀父母，普洱府属思茅有之。

通过道光《云南通志》的记载，后人不仅可以知道作为出产茶叶的攸乐山，而且还可以看到至清朝中后期，中央王朝为了加强对六大茶山之一的“攸乐山”的茶叶贸易的管理，推动了改土归流政策在此的实施，故有攸乐同知的设立。随着攸乐同知的设立，作为一个行政单位的“攸乐”的范围逐渐清晰，它从一个概化的地域范围到管理村寨32个，并且其管辖的村寨名称有的一直沿用至今，如蛮秀即今日之曼秀或巴秀。与此同时，居住在攸乐山的“三撮毛”的生产、生活、习俗也逐渐清晰起来。

基诺山村寨内景

有清一代，还有多部云南的地方志书也记载了基诺族的一些情况。道光年间王崧撰《云南志钞》的《边裔志》记录了茶山土民的情况，其中就包括攸乐山。道光年间李熙龄修《普洱府志》卷十七记载了攸乐山（基诺山）的漫夺（巴朵）、漫坡（巴坡）等寨；卷十八《土司》附《种人》对基诺族的族称、生产和生活等进行了简要介绍；卷十九《七言律》中几首律诗提及孔明及攸乐古城；卷二十《古迹》提及祭风台；《思茅厅》提及攸乐古城。檀萃辑《滇海虞衡志》卷十一《志草木》记载了作为六茶山之一的“攸乐”。刘慰三撰《滇南志略》卷三之《普洱府》下记载了“三撮毛”的分布、风俗等情况。嘉庆年间师范纂《滇系》较为详细记述了雍正五年（1727）官军至“攸乐茶山”一带追捕麻布朋等人，受当地居民围困的事情。倪蜕撰《云南事略》对“攸乐”的行政区划演变有较多记载。其他相关史料还有《清世宗实录》、尹继善《筹办思元新善后事宜疏》《清史稿》卷七十四、道光《云南志·武备志》《续云南通志稿》卷五十四等等。

除单纯的文字文献记载之外，还有一些绘有图画并配以文字解说的文献，也记载了基诺族的情况。如李诂撰《滇南夷情汇编》（下）载有“三作毛”基诺族的图文解说。佚名辑绘《云南种人图说》同样载有“三撮毛”的图文解说。此类文献为后人考证基诺族族称的演变提供了直观的证据。

时至民国，研究和记载基诺族的文献并没有增加多少，仅有少量著作关注到了基诺族。其中李拂一的专著《车里》专门介绍

蓝天下的基诺族村寨

《车里》书影

了基诺族的族称、居住区域、风俗习惯等情况。《十二版纳纪年》则对曾经在基诺山地区设置的攸乐同知的沿革和基诺族起义等做了详述，特别是对1941—1943年基诺族起义一事，作者从屈轶著《江洪琐谈》、杨友松撰《性天集》等历史文献中引用大量材料进行详细记述。在该书附录的“民族表”中载有攸乐人的分布及其占所在地区人口的比例统计。此外，李拂一编译的傣族史料《泐史》中“刀坎”条目之下记载的传说大致与基诺族的传说《扫基与召片领》相印证。姚荷生著《水摆夷风土记》一书中有“上攸乐山”和“漫谈攸乐人”两篇文章记录基诺族的情况。

总体而言，20世纪50年代以前的历史文献对基诺族或基诺族文化的记载都比较简略和零星，仅通过这些文献人们对基诺族还不能形成一个清晰完整的认识。当然，这些文献关于基诺族的族称、居住地、行政归属、生产生活和风俗习惯等的记载，为后世认识和研究基诺族提供了线索，因此显得弥足珍贵。

真正对基诺族开展研究是从20世纪50年代开始，特别是

基诺族学会成立

1979年基诺族被识别为单一民族之后，关于基诺族研究的著作更是不断涌现。目前已经有40多本专著、1 000多篇论文和文章专门以基诺族为研究对象，内容涉及其族源族称、体质特征、民族心理、历史发展、生态环境、生计形式、社会组织、仪式信仰、婚姻家庭、亲属制度、社会性别、歌舞音乐、纺织刺绣、建筑、饮食习俗、教育卫生等各个方面。通过这些文献资料，外界对基诺族能够取得一个较为完整的认识。

从攸乐人到基诺族

1950年6月中央人民政府决定派遣中央访问团，访问国内的各少数民族。中央访问团访问的目的有二：其一，宣传新生政权的民族政策；其二，了解和摸清各地少数民族的情况。在此背景下，1951年3~4月中央访问团的西南访问团二分团到了基诺山的巴亚寨访问。接着在1951年初，中央访问团西南访问团二分团对基诺族进行了初步调查，调查所得资料由胡鸿章整理为《车里攸乐人（基诺族）》一文，收录在1983年5月出版的《傣族社会历史调查》（西双版纳之一）一书当中。《车里攸乐人（基诺族）》称，20世纪50年代初，攸乐人有3 000多人。在车里

节日招待傣族老根

县境内共有28个寨子，在思茅境内有3个寨子：曼通、曼瓦、曼武共46户，250人左右。这次调查并没有对基诺族的民族归属做出结论。

此后，在1951年云南省人民政府民族事务委员会制印的《云南省兄弟民族人口分布初步统计》（内部参考资料）记载："民族：攸乐——有的地区称'本人'；人口：四千四百余人；分布地区：云南省，聚居于车里、镇越的攸乐山及思茅边境；建政情况：普洱专区已成立民族民主联合政府；经济情况：农业经济。农耕技术简陋，作物以苞谷、棉花为主。土地属于全寨公有。在攸乐山者二十八寨。在本寨范围内，每家可以自由选择耕种，仅蛮雅一寨因接近汉族土地有私有权；文化情况：有自己的语言，语言风俗习惯近似卡佤，崇信多神及孔明；备考：有谓系卡佤的一支。"显然，当时对于攸乐人的社会历史也没有一个定论性的认识。

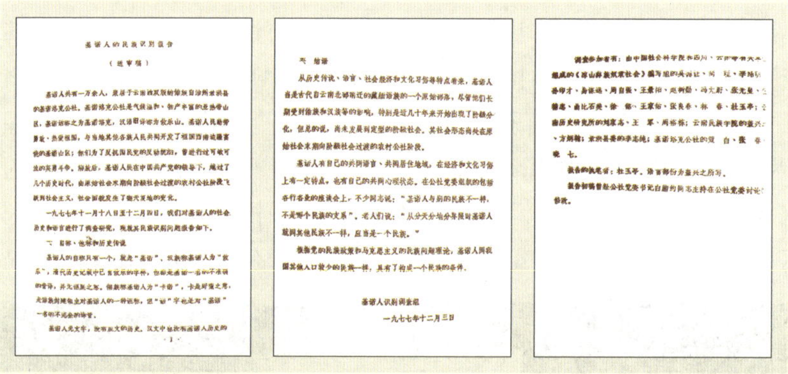
基诺人的民族识别报告

（送审稿）

基诺人共有一万余人，聚居于云南西双版纳傣族自治州景洪县的基诺洛克公社。基诺洛克公社是气候温和、物产丰富的亚热带山区，基诺语称之为基诺洛克，汉语旧译称为攸乐山。基诺人民勤劳勇敢、热爱祖国，与当地其他各族人民共同开发了祖国西南边疆富饶的基诺山区；他们为了反抗国民党的反动统治，曾进行过可歌可泣的英勇斗争。解放后，基诺人民在中国共产党的领导下，越过了几个历史时代，由原始社会末期向阶级社会过渡的农村公社阶段飞跃到社会主义，社会面貌发生了翻天覆地的变化。

一九七七年十一月十八日至十二月四日，我们对基诺人的社会历史和语言进行了调查研究，现就其民族识别问题报告如下。

一、自称、他称和历史传说

基诺人的自称只有一个，就是"基诺"。汉族称基诺人为"攸乐"，清代历史记载中已有攸乐的字样，但都是基诺一名的不准确的音译，并无[illegible]之意。傣族称基诺人为"卡诺"，卡是奴隶之意，是傣族封建领主对基诺人的一种诬称，但"诺"字也是对"基诺"一名的不完全的译音。

基诺人无文字，没有成文的历史。汉文中也没有基诺人历史的

·1·

五、结语

从历史传说、语言、社会经济和文化习俗等特点看来，基诺人当是古代自云南北部南迁的藏缅语族的一个原始部落，尽管他们长期受到傣族和汉族等的影响，特别是近几十年来开始出现了阶级分化，但总的说，尚未发展到定型的阶级社会。其社会形态尚处在原始社会末期向阶级社会过渡的农村公社阶段。

基诺人有自己的共同语言、共同居住地域，在经济和文化习俗上有一定特点，也有自己的共同心理状态。在公社党委组织的包括各行各业的座谈会上，不少同志说："基诺人与别的民族不一样，不是哪个民族的支系"。老人们说："从分天分地分寨限时基诺人就同其他民族不一样，应当是一个民族。"

根据党的民族政策和马克思主义的民族问题理论，基诺人同我国其他人口较少的民族一样，具有了构成一个民族的条件。

基诺人识别调查组

一九七七年十二月三日

调查参加者有：由中国社会科学院和四川、云南等省大专[illegible]组成的《凉山彝族奴隶社会》编写组的[illegible]

[illegible]

报告的执笔者：杜玉亭。语言部份为盖兴之所写。

报告初稿曾经公社党委书记白腊约同志主持在公社党委讨论[illegible]修改。

基诺族识别报告

正在建盖中的中国基诺族博物馆

知识链接 **杜玉亭** 云南省社会科学院研究员。1935年1月29日生。1947年底参加中国人民解放军，至1951年在中共中央西南局工作，1954年考入云南大学历史学系；1958年毕业分配到中国科学院民族研究所工作，1962年晋助理研究员，1975年调云南大学《思想战线》编辑部工作，1977年至云南省历史研究所（该所1980年归新建的云南省社会科学院），1979年晋副研究员；1983年晋研究员，并任云南社科院主持工作的副院长兼民族学研究所所长至1986年，此后专心学术，深入多民族人文田野耕耘至今。发表论文百余篇，著作十余种，内中不乏新说。所写《基诺人的民族识别报告》1979年被国家确认，中华民族大家庭的成员从55个增为56个。所写中泰关系的论文中外反响良好，改变了西方学者臆造却影响近百年的“大理泰国故土说”。提出并实践“深入一个民族，联系一个地区，研究一个命题”的科研方法，培养出一批有造诣的社科人才。1984年获国家有突出贡献中年专家称号；2006年5月9日媒体公示公投获云南社科界仅有的“兴滇人才提名奖”。

基诺族研究专家杜玉亭先生

杜玉亭学术著作

有一些相同，多数词汇则不同。1958年时值“大跃进”，并伴随着“文化大革命”的到来，基诺人的识别工作就被搁浅了。然而经过两次调查，基诺人不属于彝族支系的种子已经在杜玉亭先生的心中萌发，为他后来坚持识别基诺人为单一民族的决心奠定了深厚基础。

随着“文化大革命”的结束，对基诺人进行识别的机会又出现了。1977年，四川省民族研究所李绍明邀请杜玉亭参与编写《凉山彝族奴隶制社会》一书，此时杜玉亭又提出了对基诺人识别的学术价值，并取得多方赞同和支持。随后由四川、云南和北京三地从事民族学、历史学、语言学、宗教学、考古学的20余位成员组成了“基诺人识别调查组”。经过实地调查，1977年11月18日~12月4日，由杜玉亭先生执笔完成了《基诺人的民族识别报告》，1978年年初报云南省民委，国务院于1979年5月底对基诺族为我国单一民族进行了确认，1979年6月6日正式对外公布。至此，攸乐人正式成为基诺族。

基诺民族乡的发展历程

1950年2月17日，西双版纳全境解放，基诺山地区归属勐养管辖。1951年3~4月，中央访问团第二分团到达西双版纳慰问，分团的一个小组到了基诺山慰问基诺人民。1954年云南省民族工作队组建山区民族工作队，派遣15分队共24人到基诺山开展民族工作。由何贵（当时的文件写为和贵）担任分队长，杨崇担任副分队长。分队的队部设在巴亚寨，下设两个组：第一组组长宋忠林，第二组组长马二、副组长何菊生。第一组负责蹲点工作，第二组负责跑面。工作队的主要任务是摸清基诺山有多少寨子、地理方位、多少民族、男女数量、头人等。在头人、群众中广泛宣传党中央的民族政策，通过上层联系教育群众，做好事，交朋友。工作队还学会了一般的医疗常识，每到一个寨子，群众有病就给看病、吃药，帮助群众打扫卫生、背水、砍柴等。据扎吕寨的卓色大白腊先（2010年74岁）回忆，他先后在云南民族学院、云南民族党校、云南民族团校进修后，于1954年参加了第一批民族工作队，任通讯员负责通信工作。据他讲述，工作队员每人配一匹马、一支步枪、一支小枪。工作队分别在司土、巴卡、曼海（巴来）、巴亚设点，每个点有3~4个队员。工作队主要负责宣传共产党的政策，比较“新旧社会”。到1958年，他自己离开工作队回家务农。民族工作队的工作点也随着区政府的建立而撤销。据基诺山知名长老沙车回忆，民族工作队设的四个点分别为司土、巴卡、巴来、洛特，后来基诺山区政府建立后，四个点即为基诺区最早的四个乡（相当于今天的行政村）。民族工作队进入基诺山区之后，在宣传党和政府的各项政策的同时，帮助基诺族人民建立互助组。1956年3月，中共西双版纳傣族自治州第一次人民代表大会决定对阶级分化不明显的基诺山等6个山区及其边沿山区不实行和平协商土地改革，而是在进行一些民主改革的基础上，直接地、逐步地过渡到社会主义。1957年2月23日，基诺山建立“攸乐山生产文化站”，后改名为基诺洛克生产文化站。

基诺山基诺族乡人民政府办公楼

▲

基诺山基诺族乡人民政府

1958年2月基诺洛克生产文化站划归景洪县，基诺洛克生产文化站改名为基诺洛克区，下辖巴亚等5个乡。1958年，基诺山区逐渐开展了“大跃进”“人民公社”“民主补课”等运动。1958年10月，基诺山区建立了基诺洛克人民公社，实现了农业合作化。1969年3月，基诺山组建了人民公社、大队、生产队三级组织。1981年3月，基诺洛克人民公社革命委员会改名为基诺洛克公社管理委员会。1983年冬，撤销基诺洛克公社管理委员会，设立基诺山区公所，下辖7个乡人民政府。1988年，基诺洛克区改为基诺山基诺族乡，仍隶属于景洪县。1993年12月景洪撤县设市，基诺山基诺族乡隶属于景洪市至今。

基诺族主要聚居村寨一览表（截至2013年）

<table>
<tr><th>村寨名称</th><th>所属村委会</th><th>所属乡镇</th><th>所属县市</th></tr>
<tr><td>巴卡老寨、巴卡新寨、巴卡小寨、巴别、洛科大寨、洛科新寨、银厂上寨、银厂下寨</td><td>巴卡村民委员会</td><td rowspan="7">基诺山基诺族乡</td><td rowspan="8">景洪市</td></tr>
<tr><td>茶地、巴亚中寨、巴亚新寨、扎果、札吕、巴坡</td><td>巴亚村民委员会</td></tr>
<tr><td>洛特老寨、洛特大寨、生妞、曼武、么羊、巴桂、帕泥（普米）</td><td>洛特村民委员会</td></tr>
<tr><td>洛特新寨、司土新寨、巴飘、巴朵、石咀、窝庄、亚诺（龙帕）</td><td>新司土村民委员会</td></tr>
<tr><td>茄玛、少妞、毛窝新寨、巴亚老寨</td><td>茄玛村民委员会</td></tr>
<tr><td>巴来下寨、巴来中寨、巴来小寨、曼亏（巴奎）、巴沙老寨（曼伞一队）、小曼伞（巴沙小寨）</td><td>巴来村民委员会</td></tr>
<tr><td>司土老寨、司土小寨、巴沙新寨（曼散二队）、曼秀、巴怀、回振、回鲁</td><td>司土村民委员会</td></tr>
<tr><td>科联、坝干、坝南、清水河、白花林</td><td>补远村民委员会</td><td>勐旺乡</td></tr>
</table>

第二章
亚热带山林中的基诺族

基诺族是大山深处的民族，山林孕育了基诺族的一切。昔日基诺族足不出山，就能走完人生的历程。随着时代的发展，特别是改革开放以后，基诺族不再封闭于山林之中，与外界的交流日益频繁和紧密。在此过程中，基诺族的生计方式、医药卫生等都发生了翻天覆地的变化。

聚居之地：基诺山和补远山

相传基诺族迁离发祥地之后，陆续来到基诺山和补远山居住。时至今日，这两个地方仍然是基诺族最主要的聚居地。

基诺山

基诺山，也称攸乐山。就当下基诺族社会中的情况来看，基诺山所指的范围有广义和狭义之分。狭义的基诺山或攸乐山仅仅指当前基诺山基诺族乡政府所在地那一片区域。广义的基诺山则包括基诺山基诺族乡所辖的整个区域。

▲ 基诺山风光

广义的基诺山地处西双版纳傣族自治州景洪市东北部，南部与景洪市勐罕镇交界，西部与景洪市勐养镇相连，北部与景洪市大渡岗乡比邻，东部与勐腊县勐仑镇相邻，总面积622.9平方公里。其地理坐标为北纬20°53′11″~22°9′59″，东经100°53′33″~101°14′45″。区域内海拔在550~1691米之间，其中以亚诺山为最高，巴卡小寨与勐腊县勐仑镇交界处最低。基诺山境内有小黑江、么羊河、亚诺河、巴卡河等许多河流。基诺山区属于

基诺山基诺族乡鸟瞰

北亚热带高原季风气候，气温变化小，无明显四季，可划分为干、湿两个季节，上半年12月至次年2月为干季，3~5月为干季与湿季交替时期，6~9月为湿季，10~11月为湿季与干季交替时期。年平均温度在18℃~20℃，极端最高气温为34.9℃，极端最低气温为5.8℃。基诺山有雾期约9个月，每年6月以后就逐渐有雾，11月至次年2月雾最多。

基诺山基诺族乡有森林面积约90万亩，其中自然保护区内的热带沟谷雨林面积86 215亩，州属国有林447 758亩，占全乡总面积的57.8%。全乡没有超过1平方公里且坡度在8°以下的山间盆地，属于典型的山区。

知识链接 **小黑江** 也称椤梭江，是澜沧江的主要支流之一，发源于镇沅彝族哈尼族拉祜族自治县，由普洱市流入西双版纳州东北，流经景洪市、勐腊县。通常在勐腊县勐仑镇和关累镇一段叫“椤梭江”，在景洪市勐旺乡一段叫补远江，在勐腊县象明乡一段叫小黑江。全长282公里，流域面积7 750平方公里，落差达1245米。

基诺山巴卡大河汇入椤梭江

补远山

补远山区位于景洪市勐旺乡的南部，东经101°16′30″~101°20′36″，北纬22°23′20″~22°28′52″。全区境内多高山、河谷，极少

▲ 勐旺乡远眺

平地，是一个典型的山区。境内最高海拔1 260米，平均海拔1 170米，属亚热带山区。整个地区共有耕地面积8 279亩，水田面积1 070亩，旱地7 070亩，森林面积10 669亩，森林覆盖率为30%。水田面积少，灌溉条件差，全村农田灌溉水源主要来自于天然降雨及部分山间溪流。该村地处亚热带湿润季风气候带，干湿季节明显，年降雨量1 600~2 100毫米，多集中于5~10月间，年平均气温19.1℃，霜期短，日照时间长，最冷月份为1月，最热月份为6月。

补远基诺族的田园 ▶

刀耕火种的生计农业

如果翻阅中国农业史方面的文献，我们就会发现一种称为“畲”的生产方式和用这种生产方式耕种的“畲田”，其实这就是通常所说的“刀耕火种”和“刀耕火种地”。基诺族类似于“畲”的刀耕火种农业起源比较早，而且延续的时间也比较长。直至21世纪初期还能见到。这种生计方式看似简单，事实上也是由多道工序组成的，并且其前提是山地村寨共有或氏族共有。

正在耕种的山地

生产工具

在基诺族村寨当中，通常同时存在村寨、氏族、私人三种土地所有制，其中氏族土地所有制所占比例最大。各个村寨氏族的数量不一，少的只有一个，多的达7~8个，因此各个村寨土地的使用情况也相应不同。在由两个以上氏族构成的村寨中，各氏族的土地之间都有明显的划分标志，如箐沟、山头等自然物。村寨与村寨之间也有明确的地界。

备耕

每年农历正月前后，当附近山上杰波花开放，基诺族村寨就要在长老的主持下举行备耕仪式了。备耕仪式包括祭祀大鼓、修打铁房、打铁等内容。备耕仪式举行的日子被基诺族称为“特懋

打铁房

克”。各家各户在备耕仪式之后，还会进行制作或修理生产工具等工作。

号地

备耕工作结束之后，各户的家庭成员就可以到计划好的本氏族的某几片已经达到休耕年限的林地中，做记号表明占有某块土地接下来的使用权。号占山地的方法，是在自己想要的地块四周较显眼的树上，用刀砍出楔口，然后塞入树枝或扫把花杆作为标记。当其他号地的人看到这些标记之后，就不会再选择这块已被做过标记的地块。当然，号地这项工作在不同的基诺族村寨，实施过程中会有一些差异。如在巴亚寨，人们号地要尽量找到自己曾经种过的地块，亚诺寨则是尽量不选占以前曾经耕种过的地块。每年的号地，其实就是土地使用权的一次重新分配。

大砍刀

砍地

各家各户选占好自己要耕种的地块之后，土地的分配工作也就宣告结束。接着各户就要在自己的地块之内开始砍地工作了。

正式砍地之前，还要举行砍地仪式。这个仪式在“特懋克”过后的第一天由村寨长老卓巴和卓色主持举行，两位长老在这一天早上去到村寨附近的林地里面，象征性地砍倒几棵树，从而拉开全寨开始砍地的序幕。正式砍倒通常是在农历正月，各户在砍地之前，需要在林地中挂几个“达辽”，并在原有的窝棚前栽种几块姜和芋头，起到驱鬼辟邪的作用。接着就把地块之内的大部分树木和杂草都砍倒和除去，并置放于地块之内，让太阳暴晒干枯，同时留下很小的一部分林地不砍。正月底，卓巴和卓色还要举行砍地结束仪式。仪式内容主要是两位长老各自在自家的晒台楼梯口，摆设祭品献祭祷告。仪式结束后，各户再把尚未砍伐的林地全部砍掉。

砍地

砍地仪式中的竹号

知识链接 **“达辽”**也写作“达流”“笪溜”等，为竹篾编织的六角网孔状辟邪物，此种辟邪物在云南许多少数民族中都能见到。

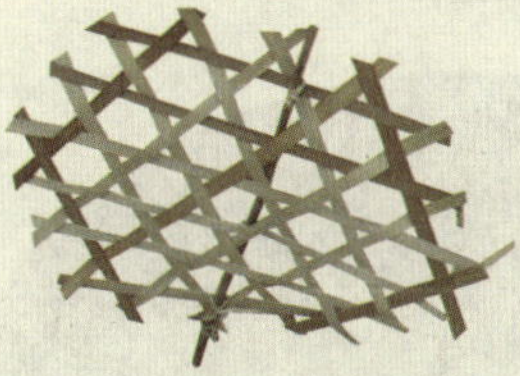

达辽

烧地

烧山地一般在每年农历的二至三月。正式烧地之前不仅要在砍好的地与旁边的林地之间修宽约10余米起到阻止放火烧山地时殃及其他山林作用的拦火道，而且还要对山鬼（神）、树鬼（神）、风鬼（神）、火鬼（神）进行献祭。另外，还要请一名证人来监督烧山地的过程。烧地正式开始后，人们点燃山地中晒干

烧地

的枯枝和杂草，让其在熊熊烈火的焚烧下化为灰烬，成为天然的肥料。

整地

捡地

山地烧过后，地里面的树木和杂草会有一些没有烧尽、烧透，因此各户还要在地里面捡拾一遍，把没有烧尽的枯枝和杂草集中在一起再次焚烧或移到地外。与此同时，把地里的草木灰分散，并平整这块地。

窝棚守望的山地

盖窝棚

农历三月初，烧地和捡地之后，各户要在新烧的地块旁边建盖窝棚，作为劳作之余休息、饮食的场所和守护庄稼的住所，以及稻谷收获后的临时储藏室。在盖窝棚之前，卓巴和卓色也要分别在自己家晒台楼梯口处摆设贡品祭献，之后村民才可以到地头旁盖窝棚。

播种

农历三月底四月初，基诺族村寨要杀牛祭祀，祈求丰收，并分肉而食。同时还要在卓巴的主持下，举行播种仪式。举行仪式的那天，天刚蒙蒙亮卓巴便在自己家晒台上，手持点播棒，一边象征性地做着点播动作，一边向天祈祷。仪式结束之后，各家就开始播种了，各家还要在地里面杀鸡祭献，并且首先在窝棚前面种上姜、芋头、荆芥花和鸡冠花等，以驱鬼辟邪。接着才在地里陆续播种陆稻、棉花、玉米、黄豆等作物。播种时，家户之间相互帮忙的情况较常见。

山地耕作归来

修围栏和除草

播种结束后，等陆稻开始出苗，各家各户就要在新种地的四周打上栅栏，防止野兽和家畜破坏庄稼，并随时维修围栏一直到庄稼收割完毕。农历五月至八月，在修建围栏的同时，地内除草也是一项必做的工作，通常采取手拔、镰刀割和芟刀砍等方式，每年通常要除草三次。

旱稻地薅草

打旱稻用的弯棍

打稻谷用的风扇

收割

时至农历七月，当旱稻已经接近成熟，各家到地里采回一些稻穗，以供奉寨神和祖先，此谓吃新米仪式。仪式之后，到农历八九月份，旱稻成熟开始收割，部分玉米、棉花也开始收获。十月，陆稻大面积成熟，开始了全面收割、脱粒工作。此时，种植的玉米、黄豆、棉花、花生、高粱、芝麻、苏子、瓜类也都进入了收获的季节。农历十一月庄稼收割完毕。

归仓

山地里面种植的陆稻收割、脱粒后，通常要放在地里面晒干，然后再放置在地棚里面或专门建盖在地中的粮仓里面，还有一部分背回寨子，储藏在自己家的粮仓里面。稻谷入仓之后，基诺族村民还要举行叫谷魂仪式。仪式进行这天早晨，人们背着鸡、银手镯、红线、竹烟盒、荆芥花、鸡冠花等物品到地里面，

修谷仓

粮仓

将它们放在地上献祭。然后，高声喊叫，请谷魂回到粮仓里去。至此一年的劳作程序宣告结束。接下来，村民们马上又要开始为新一年的农业耕作做准备了。

丰收的玉米

当然，由于海拔、土壤和耕种作物的不同，村寨之间在刀耕火种农业生产开展的时间先后方面会有一些差异。即使是同一村寨，在不同年份，农业劳作各个环节开展的时间也不尽相同。

基诺族的刀耕火种农业，在早期称为“一茬轮歇耕作制”农业，这种农业需要足够大面积的山林来保证土地耕种一年后即抛荒轮歇，通常此类农业的轮歇周期为13年，故一个村寨至少需要13片大山林才能从事此类农业。然而，随着人口的增多，森林的减少，这种刀耕火种农业形式的维持变得困难，土地轮歇的周期也随之变短。“一茬轮歇耕作农业”逐渐演变成了“轮歇轮作制”刀耕火种农业。后来，随着公路的修建、橡胶种植的增加、保护区的划定等，基诺族可用于耕作的山地持续减少，要在从事刀耕火种农业的同时还保持山地森林生态系统的平衡变得越来越困难。今天退耕还林，放弃刀耕火种农业，在山地中寻找新的生计和致富方式，是基诺族维护和改善生存环境的必然选择。

薪柴——铁刀木

橡胶林

山林中的采集与狩猎

山林是基诺族的生存之源，衣食之本。除了刀耕火种之外，发生在山林中的采集和狩猎也是基诺族传统社会的重要生计方式。

野菜

酸蚂蚁

野生菌

毛荔枝

采集

每当耕作之余，基诺族妇女都会相约到山上采集。在基诺族生活的山林之中，至少有上百种植物的根、茎、叶、果子和菌子可供采摘食用，还有众多竹类和昆虫可以成为人们的盘中餐。

在这些采集食物中，块根既是菜食，又是饥荒年月的主食。野菜四季都有可采食种类，特别是在一至二季度，由于此时没有人工栽种的蔬菜可以食用，野菜成为人们主要的依赖。菌类和竹笋主要在雨季采集，因此这个季节食物最为丰富，并且竹笋还可加工贮存，随时食用，成为基诺族日常的调味食料。野果采回来后多生吃，虫类则能够补充人们的营养。

基诺族每次采集带回来的野菜、果子或菌子一般仅为一家人一至两餐的食用量，很少有囤积贮藏的情

基诺族经常采集的植物和昆虫一览表

经常采集的种类	代表性植物或昆虫	采集的时间
块根	四棱、青山药、绿山药、硬壳山药、黄山药、蓑衣包、山堆堆、山羊头、黄金、芭蕉根、魔芋、藤萝卜	一年四季
野菜	象耳朵菜、青树、犁板菜、野荞菜、刺菜、细苦菜、水芹菜、菠荷、苦凉菜、火草叶、谷杈草、奶浆草、干结结菜、马蹄跟、树头菜、火筒叶、白花、炮仗花、芭蕉、满子盐细、烂潭菜、鱼腥草、野豌豆、野细豌豆、臭菜、麻芋秆、野猫花、香椿、鸡屎绿叶菜、甜草、董棕、藤篾、大苦藤叶、细苦藤叶、刺五加、苦列留、大刀豆、车皮藤、麻根、橄榄皮	一年四季
野竹笋	甜竹笋、黄竹笋、茅竹笋、白竹笋、苦竹笋、斑竹笋、金竹笋、掉竹笋、大炮竹笋、细炮竹笋、过江竹笋、娥蔑竹笋、麻金竹笋	每年4月至6月最多
菌类	蚂蚁骨堆骨菌、鸡枞、奶浆菌、大红菌、小火炭菌、大火炭菌、辣菌、马皮包、牛舌头菌、木耳、半个菌、筛子菌、白参、酸菌、八大柴、脆脚菌	每年6月、7月和8月最多
野果	芒果、毛荔枝、三瓣果、歪屁股果、酸布灵、阿利阿思、涩布拉、哈旦、禾努、大酸苔、黄桑果、羊屎果、鸡嗦果、公鸡卵果、象耳朵果、白叶黑、青果、山多衣、涩梨、乌鸦果、蔑不榴果、金凉果、细酸苔、狼仓果	一年四季
昆虫	知了、油虫、蜘蛛、蚂蚱、飞蚂蚁、油肚子蚂蚁、蚂蚁蚕、牛屎螳螂、蟋蟀、竹虫、酸蜂	一年四季

况。近些年，随着市场经济的兴起，市场对野菜、野果和菌子的需求量逐渐增大，基诺人上山采集的主要目的也渐渐由自己食用变为供应市场。当然基诺族人采集的量也有逐渐增大的趋势，但与此同时由于山林的减少使得采集也比以前困难了许多。

采集来的野菜

狩猎

在基诺族生活的高山密林中，生活着白鹇、犀鸟、孔雀等鸟类，以及麂子、马鹿、野猪、岩羊、熊、野牛、果子狸、大象、虎、豹、蟒蛇、穿山甲、竹鼠等野兽和鼠类。猎杀其中一些动物而食是基诺族补充肉食和脂肪的重要途径，也是看护庄稼的一种必要手段。

基诺族男子，从孩提时代开始学习各种狩猎方法，十五六岁就进入猎人行列，逐渐掌握各种狩猎技术，一到成年大多都能成为经验丰富的猎手。与亚热带山林相适应，基诺族创造了扣子、粘条、捕鸟套、夹子、套笼、压木、弯弓、跳签等狩猎工具，后来还从外面引进了火药枪。基诺族的狩猎活动大多围绕刀耕火种农业生产进行，在狩猎实践过程中创造了多种多样的狩猎方法。

狩猎工具 ▶

◀ 小路中下的扣子

下扣子 常用的扣子有连环扣、甩扣、脖子扣等几种。扣子是用竹篾编成的活扣。扣子通常用来捕捉鸟类和松鼠类小动物。下扣子的地点有的在庄稼地旁，有的在所要捕猎动物喜欢采食的植物或山箐间的过口附近。扣子既有设在树上的，也有置于地上的。

放粘条 用自制的胶水涂抹在鸟类常去的树枝上，飞鸟一旦落在上面，就被粘住不能逃脱，成为猎物。

支压木 压木有大小两种类型。对付小动物的小型压木，是由凹月形的槽和有一定重量的木棒组成。猎人把压木放置在动物必经的地方，在压木的凹月槽中段处挖一个小孔，装上机关。机关再与牵绳相连。绳的一端把木棒悬起。一旦有野兽踩上机关，牵动绳子，木棒就会落下将其击中。对付熊、鹿、虎等大型野兽使用的压木，通常是一根几个人才能抬起的大木头。由于压木需要固定，能压到的范围有限，所以，先要人为地把野兽活动区域周围的道路都封住，仅仅留下一条通往压木的通道口。并且大型压木的机关设置也很重要，一般要使用双柱支撑，用木销将支撑柱稳住，一旦机关被踩中，与机关相连的木销就会脱出，导致支撑柱跌落，压木也就随即坠下把野兽击中。

置地弩 基诺族所用的弩由弩身、弩臂、弩弦、箭槽、弩机等部分组成。弩身用质地坚硬的树木制成。弩臂选用树干纹理流畅、直而少节的材料，经过烘烤和蒸煮后，再按所需形状弯曲定型，定型后削制、修整、磨光后而成。弩弦用牛筋制成。放入箭槽的弩箭杆一般用硬竹削制。弩机用来控制弩箭的方向，一般用硬木制成。

基诺族使用弩来获猎野兽十分普遍，弩是人们上山随身携带之物。弩分为地弩、强弩、毒弩，是竹木制狩猎工具中最具杀伤力的。地弩是安置在山林或种庄稼的山地边野兽出没之处的弩，一旦野兽踩中地弩，弩上的箭即自行射出。强弩一般隐藏于地上，或放在临空的高架上固定好。拉满弓，箭槽内配上箭，再用一根绳的一头牵紧扳机，另一头与一根绊绳相连。野兽一旦绊到绊绳，就会牵动扳机，箭随即射出。野兽一被射中，就无法再逃走了。毒弩即所有的箭镞是涂过毒药的毒箭，往往用来猎取大型野兽。这种毒箭所涂抹的毒药，基诺族称“俄木”，是用毒箭木树中提取的浆液，配上蜈蚣、蝎子、毒蜂，再加入一种名叫“狗闹花”的植物一起熬制而成的。这种毒箭毒性强，对野兽有沾血即死的功效。

下跳签 跳签用坚实的竹片削尖而成，用这种方法捕猎，首先在野兽出没的地方挖陷阱，然后将跳签安放在陷阱中，再在陷阱上面用树枝、茅草覆盖，让野兽无法看见跳签，致使其误踩陷阱跌下，被跳签戳死。每到秋天，山林里有众多野果可以采食，山里的动物因食物充足而长胖，并且喜欢四处游动，是下竹签的好时节。跳签往往置放在野兽活动频繁的山边、箐中、陡坡下等地方。此外，庄稼地的四周也是下跳签的常用之地。

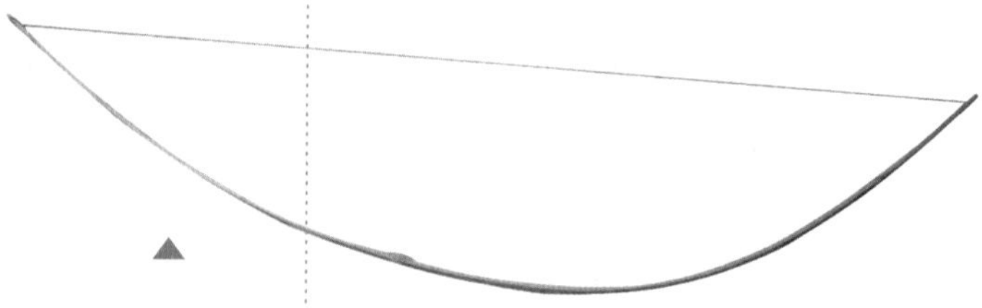

▲

弹弓

下弯弓 基诺族还经常在箐沟中拉弯弓，以此来捕猎大型动物，弯弓根据动物的高低来放置。首先弯弓要下在野兽出没的地方，其次还要掌握是什么样的野兽出没，因此下弯弓需要丰富的狩猎经验，才能有所收获。

设陷阱 在野兽经常出没的地方挖一个深2米左右、宽1.5米左右的土坑，坑底插满50厘米左右的尖竹签，再用树枝茅草等把坑盖上伪装好。洒上一些盐水，或用人尿拌土放入其中，当马鹿、麂子来舔盐时，往往会摔入陷阱，被竹签戳死或被守候的猎人杀死。

围猎 这是一项集体狩猎的方式，通常是在每年的二三月，当然具体的狩猎时间和地点要由经验丰富的猎手和村寨长老一起决定。一旦狩猎的时间和地点选定后，还要进行一些准备工作。此种狩猎活动允许中青年妇女参加，狩猎的场面显得十分壮观。参加围猎的人进山后，猎手们从野兽出没的地方四面包围过来，并在道路口设下埋伏。妇女和孩童则进入包围圈内驱赶。他们有的用树叶吹出野兽的叫声来引诱野兽，有的大声吆喝、敲击物品惊吓野兽。当野兽被驱赶受惊，从各个道口窜出时，要么掉进挖好的陷阱里，要么撞到事先布置好的捕兽网里。在一些主要道路口，埋伏好的猎人还用弩箭和火药枪射击。集体狩猎一次可以获得较多的猎物，但也较危险，容易发生误伤人的事件。

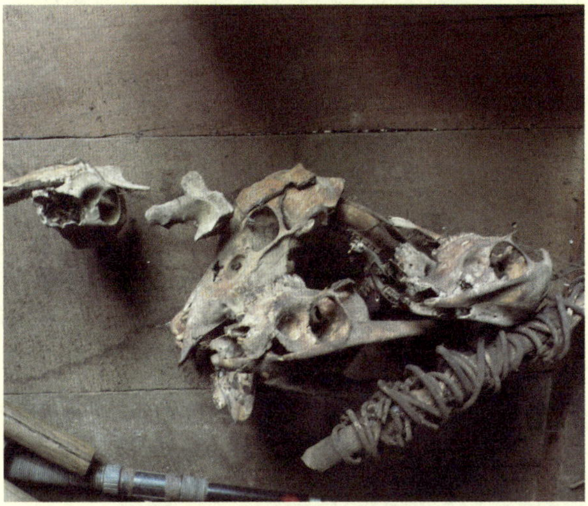

猎物骨骸

猎枪

箐沟和河中的渔猎

捕鱼也是基诺族传统生计方式的组成部分，农闲之时，基诺族村民就会一家或几家相约一起下河捕鱼。捕鱼时，通常在河道旁边找来一些植物，如带刺的树木“胡枯卢刺”、藤子“窝刺”、小树“刺池”、树叶“忽米扩颇”。这些植物的茎秆或藤叶经敲打后流出汁液，对河中生物具有一定的毒性，基诺族就利用这些植物的毒性来让河中某一段的鱼漂上来，从而抓住鱼。当然，这些从植物中流出来的毒液经水流的冲洗，很快就会消失，捕鱼的量是有限的。并且基诺族所用的这些植物对人基本没

捕鱼工具

植物药鱼

河中捕捞的鱼

电箱捕鱼

有毒性，像“忽米扩颇”的叶尖还可用于治疗人体发炎症状。可以说，用植物捕鱼是基诺族认识自然、利用自己掌握的知识谋求生存的具体表现。然而随着现代捕鱼工具的传入，基诺族现在捕鱼很少再用原来的土办法，而是用电捕箱，随之而来的是河里的鱼越来越少了。虽然工具先进了，但要吃到自己捕的鱼却比以前困难了。

雨林孕育的民族医药

卓巴去世留下鼓
父亲走了留下屋
母亲走了留下井
雌师走了却留下了药根

——基诺族民歌

加工草药

医药文化是基诺族灿烂民族文化的重要组成部分。在与亚热带森林的长期互动中，基诺族先民积累了大量与疾病抗争的知识，产生了丰富的行医用药经验。虽然基诺族没有文字，医药知识的传承依靠的是口耳，但是通过不断的实践和日常生活的广泛应用，基诺族传统医药保持了顽强的生命力。即使在现代医学不断发展的今天，基诺族传统医药在当地的卫生保健中仍然发挥着积极的作用。

医药传说

在基诺族的许多村寨中都流传着关于医药的传说，尤其是药

草药医生

知识链接 **雌师** 基诺族对医生的称呼。他们往往兼有医生和巫师的双重功能，在给人看病时，除了使用药物之外，他们还念神秘的“口功”。基诺族雌师通常都是通过家族传承，不外传。

物是如何发现的传说流行比较广，在其中具有代表性的是阿匹欧欧传授医药的传说、接骨传说和止血传说。

医药来源传说 传说，基诺族的医药祖师是创世女神阿嫫腰白的化身——阿匹欧欧。阿匹欧欧不仅教会基诺族的始祖玛黑、玛纽如何养育子女，而且还传授给他们医药知识，告诉他们生什么病时找什么样的药吃，还带领他们认识了各种药物的形态，教会了他们药物的配制及使用方法。这些医药知识通过世代的丰富、发展和传承，形成了独具特色的基诺族医药。

药用植物

接骨药的传说 相传，有一次巴卡老寨布鲁飘的祖先去深山老林里的箐沟中点着火把抓螃蟹，这天晚上他不仅抓到了许多螃蟹，而且还捉了不少田鸡。把田鸡另外装在鱼篓里，并且为了防止田鸡从鱼篓里跳出，他每捉到一只田鸡，就断其后腿才放入鱼篓，然后再将盖子盖好。可是在回家的路上，他突然发现篓盖丢掉了，就急忙伸手到鱼篓里去摸，幸好田鸡都还在，他心里也就踏实了，便顺手在地上扯了一把草卷成团塞在篓口上，继续往回家的路上赶。回到家时，天还未亮，忙了一夜的他觉得肚子很饿，就想烧几只田鸡来充饥，不料他刚把塞鱼篓口的草团拿掉，田鸡一只接一只地从鱼篓里面跳了出来，他慌忙又塞好篓口，然后去逮那些跳出来的田鸡，逮住田鸡一看，他发现田鸡折断的后腿已经被接起来，他连忙抓起那把草团仔细观察，等天刚刚亮，他拿着昨晚扯的草团，顺着原路返回，他一边走，一边仔细观察，终于来到了扯草团的地方，找到了这种能接骨的草药。从此，他就开始用这种草药为人治疗各种骨折了。

止血传说 传说在很久以前，基诺族中有位身为“特缺”的姑娘，长得非常漂亮。她与同寨的一位健壮的小伙子相爱并成了亲，不久这位姑娘便有了身孕。分娩后很想吃芭蕉花，丈夫不辞辛苦地到处为她寻找各种芭蕉花。可是，孕妇告诉丈夫，他找来的芭蕉花都不是自己想吃的，要丈夫去请她的母亲去找，说她的母亲知道她要吃什么样的芭蕉花。孕妇的丈夫就很纳闷儿，也很奇怪，就有意注意她到底爱吃什么。之后孕妇的母亲将大包麻芋叶包的一包东西交给小伙子，并告诉小伙在半路上不能打开看，小伙子越发奇怪了，走在半路他就打开了那包东西，发现妻子的母亲拿给妻子吃的竟是一个婴儿，他非常惊讶，又气又恨。最后便想办法杀死了会吃人的妻子，随后就背起自己的小孩往外跑，在跑的过程中，肩膀被路边的荆棘划出一道血口，鲜血直往外流，疼痛难忍，突然他发现背上的小孩在舔吸他伤口流出的血。他心想这个孩子也是个会吃人的"特缺"，于是就用箐沟边的大石头把小孩砸死了。他又顺手抓了一把树叶揉搓之后，用来擦出血的伤口，血随即而止，伤口也很快不痛了，而且不久就愈合了。此时小伙子又气又喜，气的是他妻子和孩子都是"特缺"，喜的是他发现了能够止血止痛的药物。从此之后，小伙子就用这种名叫"拉突帕炸"（意为握在手里就熟的树叶）的草药来治疗外伤出血、疼痛等，效果很好。这种药也逐渐流传了下来。

知识链接 "特缺"或写为"特车""拖搓""特戳"，通常认为"特缺"是基诺族对传说中的食人者的称呼，"特缺"传说在基诺山流传广泛。还有两种解释：一种解释认为"特缺"的意思为"昏吃乱吃的人"，另一种解释认为"特缺"意思为"会咬人的朋友"。

▲

正在晾晒的草药

特色治疗方法

除了通常的药物治疗之外，基诺族的雌师还发展出了具有民族特色的精神疗法和一些非药物疗法。

精神疗法 雌师采用祭祀鬼神、唱念词作法、念口攻、梦兆等对病人及周围环境施加影响，从而使患者从心理上得到安慰，精神上得到解脱，调动患者身体的内在的功能，以起到提高战胜疾病信心的作用，最终使患者的病情得以好转。

按摩疗法 属于非药物疗法的一种。治疗时从病人的实际情况出发，采用适当的按摩手法，对患者的一些部位进行按摩。通过按摩来解除局部肌肉的紧张，疏通气血，从而减轻乃至消除疼痛。基诺族草医的按摩手法主要有推、提、滚、按、揉、捶、砍等。

火罐疗法 基诺族常用的火罐有竹筒做的竹火罐和牛角制成的火罐。火罐分大中小三种型号，大号口径8~12厘米，中号口径3~7厘米，小号口径1.5~3厘米。三种型号的火罐都可以用竹筒制成，而牛角通常只能做中等型号的火罐。大中型火罐的用法是：把点燃的松明放入火罐筒内，让松明在里面燃烧排除罐内空气，随后迅速将筒口对准病变部位按上，利用罐内的负压吸紧皮肤，进行治疗。小号火罐的使用则主要是将竹筒投入锅内煮沸，趁热取出竹筒，甩去水，迅速将筒口对准病变部位皮肤按紧，待稍冷却时，因其负压而吸住皮肤，从而进行治疗。基诺族草医认为，拔火罐的治疗方法通过吸引力，把侵入人体内的寒气吸出来，能够减轻病人局部的疼痛。

放血疗法 遇到一些急症时，雌师用缝衣针、三棱针或金银锐器，用火烧消毒后，刺入患者的放血部位，多为十指尖，放出适量的血，以缓解病情。

刮痧疗法 基诺族中刮痧疗法使用较广，雌师刮痧时顺刮痧部位的脉道、肌肉走向，来回刮动，直到使皮肤渐红为度。经常刮痧的部位有：颈椎两侧、手肘部，背部脊椎两侧，大腿部、胸部两侧，肩部、腘窝部等。为防止刮痧部位的皮肤过度受损，刮痧时在刮痧部位适量涂上植物油或药液，没有条件时也用清水、唾液等。

叩击疗法 雌师用自制的器械对患者局部进行酌情叩击或拍击，以此刺激患者局部的皮肤肌肉，促进其血液循环，从而达到治疗的目的。雌师使用的叩击工具主要有麂子脚和竹片，麂子脚晒干后呈“¬ ”形，用时对准病变部位酌情用力叩击；竹片削制成戒尺样，用时对病变部位适当用力拍击。有时候在叩击治疗的同时，加用火罐，或再外包草药，也有叩击治疗后加内服药的情况。叩击治疗后加口功治疗的情况也有。

基诺族的药物

基诺族聚居地区森林茂密，动植物种类繁多，其中可以入药的也不少。这是基诺族传统医药得天独厚的条件。

基诺族辨别一种动植物是否可以药用，通常采取看形状部位、闻气味和尝味道的方法来确定。基诺族把药物的味分为七种，即酸、甜、苦、咸、麻、辣、涩。

基诺族雌师对药物的命名，一是根据药物的形态或形态与生长环境综合命名，二是根据药物的用途或用途与形态综合命名，三是根据药物的生长环境或生长环境与气味综合命名。这些命名方式具有民族特色，自成体系。

对于药用的植物，基诺族通常采用鲜品，并且多用尖枝、叶和根茎，果实较少使用。对于药用的动物，比较常见的是使用动物的骨、胆、皮毛、牙、气管、脚、内脏、带粪便的肠等。

现代医药的传入及影响

1954—1957年，民族工作队进入基诺人聚居地区时，先后有3名医务工作者一同前往，他们正式把现代医药传入了基诺人聚居地区。1957年，基诺山建起了卫生所，配备了医务人员。今天在乡一级，卫生所已经发展成为卫生院，各个村公所还设有卫生室和卫生员。新型农村合作医疗基本实现了全面覆盖。基诺族仅仅依靠草药医生看病的时代一去不复返了。当然，现代医药的传入和普及，也给基诺族传统医药注入了新的活力。如巴卡小寨的李成中医生，他擅长用传统药物接骨，现在也已经借助医院的X光照片来为患者治疗。传统医药与现代医药的结合，使基诺族在面对疾病时有了更多的治疗机会。

自然质朴的传统历法

基诺族以月亮的圆缺作为纪月的根据，其历法属于太阴历。在基诺族的历法中，虽然把一年分为12个月，但其中有一个月为各个寨子依次庆祝特懋克的“过年月”，而这个月的天数是不固定的。因此，在基诺族的年节歌里面会有“一年有十一个月，一月三十天”的唱词。而基诺族的纪年、纪日主要是根据创世女神阿嫫腰白创造世界万物的顺序而确立。纪年以12年为一个周期，纪日以12天为一个周期。

▲

山地中的木瓜

基诺族的纪日方法中，第一日称“溢出”，即水日；第二日称“尼嫫”，即阿嫫腰白日；第三日称“札欧”，即天阳日；第四日称“不落”，即月亮日；第五日称“尼”，即星日；第六日称“冒”，即天地合拢日；第七日称“西”，即草日；第八日称“萨尔”，即风日；第九日称“色厄”，即树日；第十日称“布霍”，即雨日；第十一日称“西多”，即七个太阳的生日；第十二日称“米初”，即火日。

此外，基诺族还形成了以物候确定时节、安排农业生产的知识体系。

基诺族物候历

月份（公历）	物候历	农事活动
1月	桦皮树、大毛树绽出新芽，豆楂树开花，小黑江长出青苔，澜沧江水发光	备耕：砍树、修枝
2月	“唧唧索”知了开始鸣叫	修防火道、烧地、捡地、种苞谷
3月	“唧唧索”叫声达到高潮	清理防火道、烧地、捡地、平整土地、修建地棚、种棉花、花生、玉米、小米、芝麻、姜、芋头和瓜等
4月	白花树盛开，“列列”知了鸣叫	种陆稻
5月	白花树盛开，“列列”知了鸣叫	打栅栏、除草
6月		除草、为棉花打尖
7月		除草、修补栅栏
8月	“枯幽”知了鸣叫	陆稻除草
9月		收早稻、玉米、棉花，对花生等进行护秋管理
10月		收割陆稻并脱落、选种，收获其他作为
11月		继续收割、脱落，归仓、撒种各种蔬菜
12月		备耕

内涵丰富的村寨名称

基诺族的乌尤、阿哈、阿西三个支系从发祥地杰卓山分离后，就前往不同的地方分别建寨。基诺族村寨在发展过程中，形成了父母寨、儿女寨和孙辈寨的格局。基诺族建立的这些寨子的名称一般都有着独特的含义，从中可以看出基诺族历史发展的一些特点。

乌尤支系来到无量山西部山区的补弄山脊上建立了补远寨。补远寨的这一汉语名称，据说是由于内地人在迁徙的过程，来到此地时已经筋疲力尽，于是有人就问离目的地还有多远，回答说

▲

补远村委会坝干村

“不远”，有的人就在此建寨，后来这个寨子就称为补远。补远寨在基诺族语中称“没比阿米勒卜”。“没比阿”意为不会散、不会搬，“米勒”意为山崩，“卜”意为寨，合起来意思就是“山崩石裂也不会散的寨子”。乌尤支系的基诺族还在小黑江附近建立了科联（也写作柯林）寨，传说内地人迁徙来到此地，由于力乏，就不再往前走，在此建寨称为“可怜寨”，后来演变成了科联。乌尤支系在基诺山地区还建立了茄玛、洛科、阿窝饶、毛娥等村寨。茄玛，意为“制作把茄的人”，“把茄”是基诺族执法权的象征物，因此，茄玛寨的意思就是“制作执法权象征物的人”的寨子，引申为“执行族规的寨子”；茄玛寨还被称为“阿它坡路做米”，意为“建在上面团包山上的寨子”。洛科寨，洛意为“水塘或沼泽”，科意为“边”，合起来意为“建在水塘边的寨子”；洛科寨在祭祀用的念词和唱词中还被称为“乌克洛科普门”，意思为“在山顶龙潭边的好寨子”。阿窝饶，也称曼武，在基诺族的唱词中还称为“泥勒老克乌要普门”，意为“我们的人住在小黑江对面的好寨子”。毛娥，也称曼凹，在唱词中还称为“牛夺折可普门”，意为“绕路走过的建在太阳出来的那方的好寨子”。

阿哈支系离开杰卓山后，首先建立了巴坡和巴飘两个寨子，后来从这两个寨子又分出了札吕、扎果、普米、洛特、亚诺、巴卡、巴别等寨子。

巴坡，意为“门普少得建的寨”，门普少得是阿哈支系的女祖先，她姓“坡”，故她建的寨称巴坡，在唱词中巴坡还称为“阿普默扑拖休”，“阿普”意为“根子”“祖根根”，“默扑”意为“落在跟脚边”，“拖”为“拖柯”即冬瓜，“休”意为“养儿女”，合起来意思为“女祖根根寨养育出来的像冬瓜滚落在跟脚边的寨子”。因此，巴坡寨是阿哈支系的母寨。

巴坡

巴飘，巴为助词，相当于“的”，飘，意为“理顺”，巴飘寨的含义为“理顺了人间不正常的杀人现象的村寨”；在唱词中巴坡还称为“俄特它肖”，“俄”意为“竹子”，“特”意为“拿起”，“它”意为“打或刺”，“肖”是指称为“肖学”的人，合起来的意思为“拿起削尖的竹片刺死肖学的人住的寨”，巴飘在念词中还念为“阿查瓦特肖”，意为“从女祖根根寨（即巴坡寨）的枝蔓上分出来的住在高处的寨”。巴飘寨被视为阿哈支系的父寨。

巴飘

札吕，一种解释认为：札意为“河”，吕意为“擦”，札吕意为“河边擦血寨”。札吕寨名的来源，有这样一个传说：罗托和罗帕两兄弟为争宅居地，哥哥罗托用黄刺树条把弟弟罗帕打得头破血流，罗帕在用冬果叶擦血迹的同时，一些血顺着河水流走，罗帕就提出以他的血流到的河的一边为他的土地，迁出去建寨。还有一种解释认为：札吕意为“象尾菜树棍寨”，传说这个寨子的人在与扎果寨争夺土地打架时，使用的是软的象尾菜树棍，

札吕

故这个寨子称为札吕。

扎果，一种解释认为：扎意为“河”，果意为“做工”，扎果寨的含义是“过河迷路，做工得地的寨”。传说罗帕分居出来时，走到一条河边便迷路了，不知不觉中来到了龙潭边，遇到了一对老年夫妇，所罗便向两位老人询问，老人就说：你帮我们把东西搬到水塘对面，这里就让你居住。罗帕替老人搬完东西后，老人和他们的东西都消失了，于是罗帕就在此建立了寨子。还有一种解释认为：扎果的意思为“黄牛果树棍寨”，传说这个寨子在与札吕寨争夺土地，发生纠纷打架时使用的是硬的黄牛果树棍，故寨名称为扎果。

普米，普意为“烧”，米意为“火”，合起来即为“火烧寨”。在年节寨理歌《普遮之》的唱词中，又被称为“丑妞、洛妞普高萨噶卓米”，意思为“在被火烧光的那个地方，由丑妞、洛妞两个女人建立的寨子”。传说，阿哈支系在杰卓山居住时有一把宝刀，宝刀由本支系的人收藏在深山老林之中，后来藏刀的人去世，死前没有交代宝刀收藏的具体地点，于是阿哈支系的人只有放火烧毁了藏刀的那片山林，找出了宝刀。后来阿哈支系的人离开了杰卓山，有一部分就在丑妞、洛妞带领下到被火烧光的山上建了寨子，故称为“普米”。普米就引申为“用火烧山办法寻找丢失宝刀的寨子”。

洛特，洛意为“石头”，特意为“由滚动或跑动到停止的状态”，建立这个寨子时，曾经用从上往下滚石头的办法来选寨址，因此洛特的意思是“在石头滚到不动的地方建的寨子”。洛特在仪式唱词中称为“洛它可迭普门”，意为“建在石面平的路边的好寨子”。

亚诺，亚意为“石岩”，诺意为“后边”，亚诺即为“石岩后边的寨子”。在仪式唱词中，亚诺称为“亚遮老妞普门”，意为“老妞在石岩后边建的寨子”。

巴卡，巴意为“抬”，卡意为“力气大”，巴卡意为“力气大得能把石头抬上树的寨子”。巴卡得名，一种说法是因为卡鲁氏族最先居住此地，巴卡是卡鲁的简称；另一种说法是巴卡原名“毕斗车妞”，“车妞”为一位妇女的名字，在唱词中巴卡也称“巴卡普立”或“车妞伞革作咪”，意为“车妞的生命寨”；还有

巴卡新寨

一种说法是从前巴卡和巴别两个同氏族的青年同时喜欢上了巴搭村一个漂亮的姑娘，两个男青年互不相让，后经姑娘的父亲做主，让两个男青年用抬石头上树的方法来比试，看谁既聪明又力气大，能够把石头抬上树，结果巴卡男青年获胜，得到了漂亮姑娘。

巴别，巴意为“抬”，别意为“相让”。相传这个寨子的男青年没有把石头抬上树，只得将巴搭村的姑娘让给巴卡男青年，所以巴别寨的意思就是“石头抬不上树只得相让的寨子”。

阿西支系最先建立的是司土和巴朵，此后又从中分出了普西、巴亚、巴洒、少妞、巴果类、巴过（即回振）、巴洛（即回鲁）、巴来、么卓、巴吉（即曼秀）、吉座、阿坡等寨。

司土，一种解释称：基诺族叫大鼓为“司土”，因此司土即“悬挂木鼓的寨子”，以大鼓命名表明司土寨在基诺族村寨中具有首席的位置。并且司土寨曾建立过攸乐城扮演过统治者的角色，故这个寨子又有

司土老寨

巴朵寨

“官寨”的意思。另一种解释认为，司土一名，在祭祀仪式中称为“阿普嘎勒米约”，阿普意为“根子、祖根根”，嘎意为“撵山、狩猎”，勒意为“一片山”，米为人名，指米里几德，约意为“养儿女”，合起来意思就是“米里几德女祖先负责管理撵山的祖根根寨”。这个寨子为阿西支系的父寨。

巴朵，巴为助词，朵意为“出来”，巴朵即为“分出来的寨子”。在仪式唱词中，巴朵被称为“阿查欧高可撮普门”，阿查意为“瓜把、瓜蒂”，欧意为“藤子”，高意为“掉下”，可译为“锅庄石”，撮意为“栽下”，普意为“寨子”，门意为“好”，合起来意思就是“从祖根根寨（即司土）瓜蒂上掉落下来的栽下三个锅庄石的好寨子”。

普西，意思为“新寨”，是与杰卓相对而言的，在仪式唱词中普西被称为“妞普派勒普迭”，妞意为“不知父亲的女人”，普意为“根子、祖根根”，派意为“出箐”，勒意为“清”，普意为“寨子”，迭意为“平”，合起来意思就是“不知父亲的女祖先建在清水箐沟旁边平地上的寨子”。

巴亚，一种说法认为，巴意为“众人”，亚意为“清除”或“扫除”。传说阿普少雪任法官时，滥杀无辜、草菅人命，让众人愤恨，后来众人就把他杀死了。因此，巴亚的意思就是“众人清除了凶官的寨子”。在仪式唱词中，巴亚还被称为“泽约肖比普门”，意思为“少雪给的十人好寨子”。另一种说法认为：巴亚，从字面意义讲，意思为“扛黄竹的人居住的寨子”，亚还有“判决”的意思。

巴酒，巴为助词，相当于“的”，酒意为“自己”，巴酒寨就是“依靠自己的力量建起来的寨子”。在唱词中，巴酒称为“阿窝牛高欧深普毛”，意为“建在长梁子下面日落西边那方的大寨子”。

少妞，少是女祖先的名字，妞意为“不知父亲的女人”，少妞就是“从女祖先寨分出来的不知父的女人建的寨子”。在仪式唱词中，少妞也称“阿它少妞普门”，意思是“从女祖先寨分出来的不知父亲的女人建在上面的好寨子”。

巴果类，巴意为“众多”，果类意为“美丽、身段苗条”，据说这个寨子的姑娘脸色红润长得美丽，身材苗条，因此，巴果类意为“众多少女都长得漂亮、身段苗条的寨子”。在仪式唱词中，巴果类称为“老妞普门左咪”意为“老妞建的好寨子”。

基诺人家

巴过（回振），一种解释认为，巴为助词，过意为“中间”，巴过意为“建在树林中间的寨子”。在仪式唱词中，巴过称为“阿窝牛高比者普门”，意为“建在下面日落西边那方的好寨子”。还有一种解释认为，回意为“箐沟”，振意为“铅”，回振意为“铅箐”，因寨边箐沟产铅矿或寨子中买卖过铅而得名。

巴洛（回鲁），一种解释认为，巴为助词，洛意为“泥塘、沼泽地”，巴洛意为“建在沼泽箐边的寨子”。在仪式唱词中，巴洛的称谓与巴过相同。另一种解释认为，回鲁意为“蛇箐”，由于寨子建在多蛇的箐沟边而得名。

巴来，一种解释认为，巴为助词，相当于“的”，来意为“消失或烂”，传说这个寨子有个人从路上拣回基诺族法官的制衣，族人不认而使制衣烂掉，从此之后，基诺族的法律也就失传在这个人手里。因此，巴来意思就是“法律消失的寨子”。在祭祀唱词中，巴来也称“亚勒欧深普门”，意思为“建在一条清水箐围着的长梁子上的好寨子”。还有一种解释认为，巴来的名称源于寻找新居地的灾难历史，从字义上看，巴来可称为“旱谷地寨”，另外“来”还有“死亡”之意，因此巴来还有“死亡之寨”的意思，传说，基诺族迁到靠近橄榄坝的低山中种旱谷时，因天气炎热，死了很多人，几乎有灭绝的危险，故有“死亡之寨”的含义。

么卓，么意为“劝住”，卓意为“房屋”，引申指“寨子”，么卓意思就是“劝住寨”。据说这个寨子的寨母死后，按照本氏族的族规选中了本寨住在巴飘寨的一个小女孩继位，于是这个寨子的人就派人去劝说小女孩来当寨母。还有传说称，么卓寨的卓巴长老氏族人丁不旺，卓巴死后本寨之中找不到继承人，只有到巴飘寨去请本寨留居于此的阿苗，由于阿苗已经在巴飘寨安了家，因而不愿意回来，去请的人只好多方央求，并承诺给他最好的土地、山林和茶地作为回报，这样阿苗才回到么卓寨当卓巴。因此，么卓有“村寨长老是哄来的寨子”之意。在仪式唱词中，么卓称为“派勒闲学普门”，意为“建在清水箐沟边的打铁的好寨子”。

巴吉（巴秀、曼秀），一种说法认为，巴意为“众人”，吉意为“墙”，引申为“筑墙垣堵起来”，巴吉意为“众人筑寨墙堵起来防范的寨子”。这个寨子是1941—1943年基诺人起义时迁去建的寨子，建寨时为了防御敌人袭扰而筑墙防范。在仪式唱词中，巴吉的称谓与巴过相同。另一种说法认为，巴意为“寨”，秀意为“荸荠”，巴秀意为“荸荠寨”，因寨边水塘生长荸荠故名。

巴魁（吉座），一种说法认为，巴为助词，魁意为“笑”，巴魁意为“笑脸相迎的寨子”。传说从前傣族来这个寨子串门，对大家讲傣语，大家都听不懂，只好经常用笑脸迎接来访的人。在仪式唱词中，巴魁称为“牛朵泽德老妞普门”，意为“老妞建在东方太阳升起的株栗树林中的好寨子”。另一种说法认为，吉座意为“像星星一样明亮的寨子”，这个意思源于这个寨子多用大白叶盖竹楼房顶，在阳光照耀下整个村寨显得闪闪发亮，犹如星星一般。

阿坡（曼怀），在仪式唱词中称“必者阿坡巴歪普门”，意为“在山梁翻过的下面，西边偏坡空格人住的好寨子”。

乌尤、阿哈、阿西三个支系随着人口增长，原有的寨子往往会一分为二或一分为三，这样原来的一个寨子就会分出大寨、小寨或老寨、新寨或上寨、中寨、下寨。如巴卡就由一个寨分出巴卡老寨、巴卡新寨和巴卡小寨，巴来由一个寨分为巴来上寨、巴来中寨和巴来下寨，洛科也由一个寨发展为洛科大寨、洛科小寨和洛科新寨。新建的寨子通过这样的命名方式，基诺族村寨从原来的20多个寨子发展到40多个寨子，其寨名的初始意义得以保留。

历史上由于基诺族受傣族封建领主的统治，基诺族村寨名称也曾用傣语对村寨的统称——“曼”来称呼，如巴来称曼海、巴卡称曼卡、巴亚称曼雅等，而在清朝的文献中，受传统蛮夷思想的影响，“曼”又写成“蛮”，如曼坡写为蛮坡，曼漂写为蛮漂。并且在不同的文献当中，同一个村寨往往用不同字来书写，如巴坡曾被写为曼坡、曼破、蛮破、蛮坡、曼撇、蛮撇、巴普、巴破，茄玛的写法有钱麻、千麻、浅麻、骑马、千马、浅马等。这就使得基诺族的村寨名称显得比较混乱。经过1981—1993年的地名普查工作之后，基诺族的村寨名称在保持和尊重基诺族传统文化的基础上进行了统一，村寨名称书写混乱的情形得以消除。

知识链接 **箐沟** 在云南两山夹一河沟的地方，人们通常称为箐沟。基诺族聚居的村寨，大都坐落在箐沟边上。

箐沟中丰茂的植物

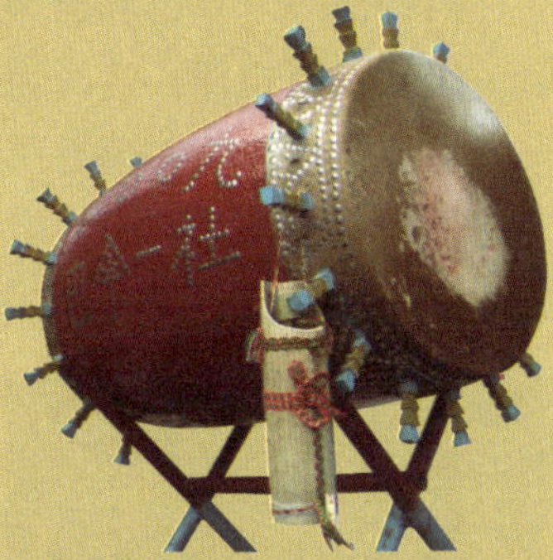

第三章 有序和谐的基诺族社会

一个社会的有效运转总是基于一定的社会制度和其中的社会组织。同样在基诺族社会的发展过程中，或是由本民族自己创造，或是在与其他民族相互交流过程中而建立的社会组织制度，先后有氏族长老制、叭咋先制、保甲制、村民委员会等。这些社会组织制度在发挥作用的同时，还衍生出了更为专门化的男性青年组织、女性青年组织和儿童组织等社会组织形式。特别是新中国成立后，在党和政府的领导下，各个村寨在吸收原有长老制的基础上建立起来的基层组织，保障了基诺族顺利过渡到社会主义社会，并不断向前发展。

“七老”政治

七老是指基诺族村寨的七位长老。基诺族村寨通常由多个氏族组成。村寨初建之时，按照各氏族进入村寨的先后顺序或者迁来前在其他村寨的氏族归属，来推选村寨长老（亦称头人），即卓巴、卓色、巴努、色努、达斋、乃厄、柯普洛等。卓巴和巴努由第一氏族长老担任；卓色和色努由第二氏族长老担任；达斋为第三氏族长老担任；乃厄为第四氏族长老担任；柯普洛为第五氏族长老担任。由于组成各个村寨的氏族数量不一，各个村寨长老的人数也不一样，通常有3个、5个、7个之别。

基诺族长老

知识链接

卓巴 “卓”是指家庭、家族、氏族、寨子等；“巴”有顶梁柱、负责人之意。“卓巴”，即有一家之主、一寨之主、一个氏族之主等意思，引申为村寨首席长老。

卓色 “卓”指家庭、家族、氏族、寨子等；“色”意为创建、开辟等。“卓色”，即为家族、氏族村寨的创建人，主要是指卓巴氏族之外，最先来建村寨的氏族。

长老作为一个集团在发挥作用时，其功能主要表现在以下几个方面：1. 主持刀耕火种农业的各种祭祀礼仪，如备耕、播种、祭天、驱虫等仪式。2. 主持集体狩猎中的收获仪式，如果猎获熊、鹿、野牛等较大动物，要由卓巴、卓色在寨门外和猎手的竹楼上分别举行祭祀仪式。3. 代表全村寨的人向鬼神祈求给予生产、生活方面的惠顾与帮助。具体表现在为村民提供各种权威性的裁决，主要包括：1. 为举行上新房仪式的新任家长“卓勒”祝福；2. 为新婚的夫妻祝福；3. 主持丧葬仪式；4. 主持“特懋克”中的打铁仪式；5. 为人畜举行驱鬼消灾仪式；6. 对寨内或寨际之间的纠纷进行裁决；7. 确定村寨过特懋克的时间和节日的祭祀程序；8. 主持祭鼓、制鼓仪式；9. 主持祭祀寨神的仪式；10. 主持外寨人迁入本寨的仪式。

基诺族长老议事

长老作为个体在发挥作用时，其功能又有所差别。卓巴作为首席长老又称为“寨父”，其保管着村寨神器牛皮大鼓中的公鼓，并且各种由长老集团主持的仪式都必须有他参与负责；卓色为次席长老，其保管着村寨神器中的母鼓，其地位仅次于卓巴；巴努为卓巴的继承人，而色努为卓色的继承人，他们主要协助卓巴和卓色开展工作；达斋主要负责整个村寨各种事务的监督工作，如对村寨记事木刻的收支记录随时了解；乃厄是村寨记事木刻和公共财物的保管员；柯普洛主要负责接待外来访客。

知识链接 **达斋** 人们通常认为这个称谓来源于傣语，意思为会计，在基诺族社会中是指“记木刻”，后来职务名称发展为家族名称。

无论从集体还是个体层面来看，长老在基诺族传统社会中都发挥着重要作用。“人们视长老为村社的象征，没有他们，村社即不会兴旺。”特别是卓巴被视为寨神的象征，其住屋也具有神圣性而受人尊敬。

知识链接

乃厄 基诺人通常认为这一称谓也来源于傣语，原意为“管钱的人”，在基诺族社会中主要是指保管集体钱财的人，后来职务名称发展为家族名称。

柯普洛 “柯”意思为“东西”；“普洛”意思为“保管、监督”，“柯普洛”引申为管理物品和负责监督的人。

以长老为核心的长老制是从基诺族传统社会中创生出来的原生性组织，其构成要素除了长老之外，还包括：首席长老的住所——卓巴房、长老的神器——大鼓等。卓巴房作为卓巴居住的房屋，基诺语称“洛”，此房屋有一间专门用于放置村寨的神器——大鼓。除此之外，此房屋在外观上与其他村民的房屋没有太大的区别。而大鼓承载着基诺族起源的神话，是村寨长老的神器，在基诺语中称“司吐”。卓巴房屋之内的空间却具有其他房屋所不具有的神圣性，这种神圣性特别体现在房屋的五根柱子上，这五根柱子分别是：寨神柱、兽神柱、生命柱、父亲柱（有长老认为应称“黄牛柱”）、母亲柱（有长老认为应称“水牛柱”）。

作为长老的神器牛皮大鼓，基诺山的多数寨子都有一大一小两个，通常大的鼓称为母鼓，安放在卓巴家，这个鼓代表寨鬼，不能随便触动；小的鼓称为公鼓或父鼓，安放在卓色家（也有基

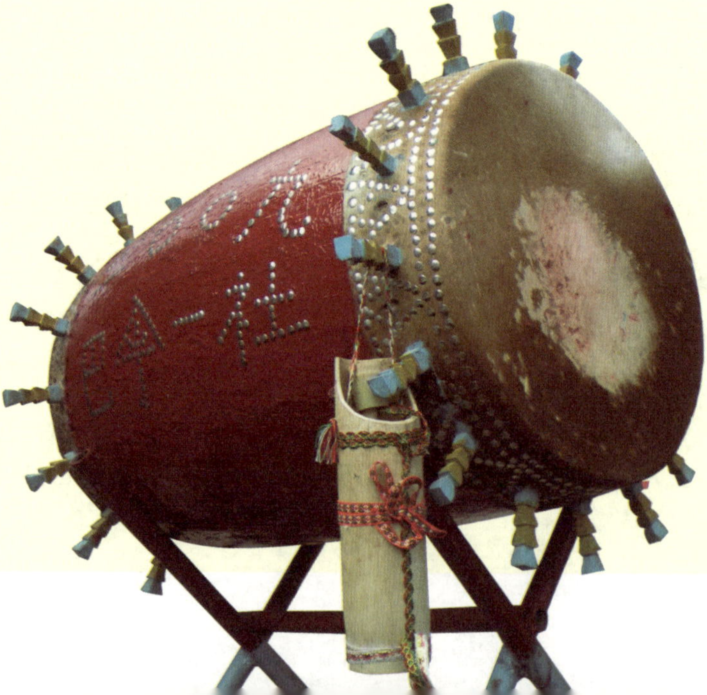

基诺族大鼓

诺族长老认为两个大鼓应该分别称为正鼓和负鼓，而不应称为公鼓、母鼓）。当然，有的寨子如么卓、巴飘、巴坡只有一个鼓，在这样的寨子，几个氏族使用一个鼓，难免出现争着用的局面，后来演变成具有表演性质的“抢鼓”仪式。在长老的主持下，基诺族大鼓一般只在三个场合使用，一是村寨过特懋克节时，二是在祭祀家神“铁罗模模”时，三是在修建卓巴房时。

知识链接 **勒巴** 在基诺族村寨通常都存在为村寨事务服务的社会组织，基诺语称“勒巴”。这种组织在基诺族各个村寨具体情况虽然有所差异，但是通常全寨各家各户都需参加，根据村寨规模或3户或7户或9户编为一组，一年做一次轮换，轮流保管象征执法权力的值勤木刻，负责与全寨利益相关的生产、生活及祭祀等活动中的服务工作。其中，防火、联络、服务客人是勒巴组织最常见的任务。

父系大家庭

父系大家庭是基诺族传统社会中广泛存在的家庭形态。近代以来这种家庭形态在亚诺寨比较典型，另外在补远、巴卡、巴洒、扎果等村寨也有规模不等的父系大家庭。

通常基诺族的父系大家庭分为两种形式：一种是几代人居住

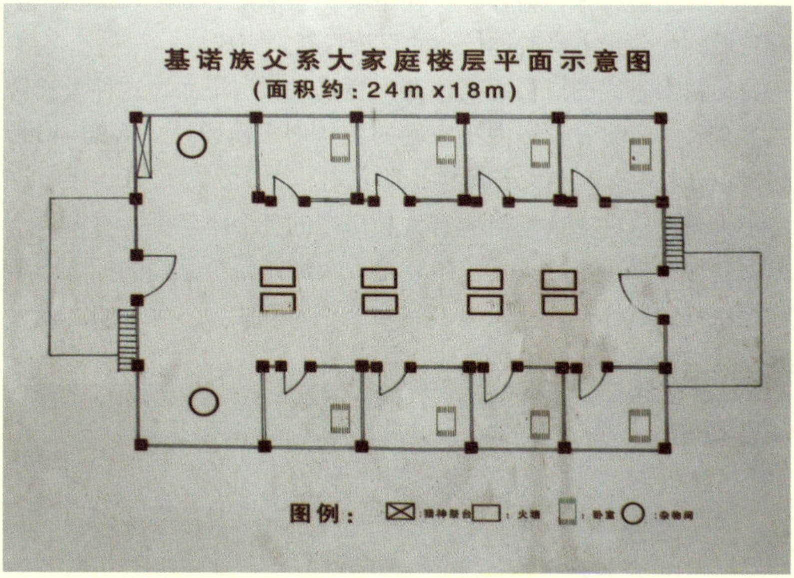

父系大家庭平面示意图

长房式建筑

在一个大长房里面，在一个男性家长的领导下，集体劳动，共同消费，并且家长有支配大房子中小家庭的权力。家长有组织劳力，安排和计划生产、生活，登记财产，调节消费，对外联系等职责。另一种是同一父系民族的数代人居住在一个大长房里面，虽然也有一个男性家长，但各个小家庭已有自己的家庭经济，虽然共同劳动，但已经按小家庭独立消费。在传统的家庭生活中，男性主要负责狩猎、耕作，女性主要从事采集、播种、纺织。家庭成员的社会化主要通过长辈的言传身教来完成。

父系大家庭的成员都居住在干栏式大长房里面，这种大长房高7~8米，长随着长房内小家庭的数量增多而增长，从30~40米到50~60米均有。在大长房中，除了有一个大火塘之外，还有许多小火塘，这些小火塘对应着大长房中的各个小家庭。有多少个小家庭就有多少个小火塘。也就是说火塘是每个家庭的标志。随着大家庭的解体，一座家屋容纳一个小家庭成为一种普遍，而火塘依然是每个家庭的中心之地。

知识链接 **干栏** 也称“麻栏”，是我国南方民族的一种住房形式。其特点：分上下两层，多用木、竹做桩柱、楼板和墙壁。房顶盖以树皮、茅草、瓦片等。楼上住人，楼下豢养牲畜及安置舂碓，存放农具、杂物等。

1940年以后，基诺族的父系大家庭逐渐走向解体，至20世纪50年代初，只有在亚诺、巴亚、巴卡等村寨的一些氏族中还保存着父系大家庭。经过人民公社化、民主补课、“文化大革命”等政治活动后，特别是随着改革开放政策的实施，家庭联产承包责任制的落实，传统的父系大家庭完全消失了。目前，基诺族的家庭形式主要以核心家庭为主，同时还有少部分主干家庭形式的存在。在当代，基诺族家庭中男女性别分工趋于平等，学校教育是家庭成员社会化的重要途径。

知识链接 **核心家庭** 指一对夫妇和他们的未婚子女组成的小家庭。基诺族的家庭形式经历了从父系大家庭向主干家庭，最终向核心家庭演变的过程。

古朴的亲属称谓

亲属关系是人类社会中最重要的关系之一，亲属称谓则是对这种重要社会关系的记录和反映。通过一个民族的亲属称谓制度，可以了解这个民族的婚姻制度、继嗣规则等。

基诺族基本亲属称谓表

汉语称谓	基诺语称谓
父亲	阿布
母亲	阿嫫
祖母	阿匹
祖父	阿普
伯母	阿娥
伯父	阿娥
叔母	阿美
叔父	阿赤
姑母	阿娥（父之姐）、阿科（父之妹）
姑父	阿娥（父姐之夫）、阿赤（父妹之夫）

续表

汉语称谓	基诺语称谓
舅母	阿美
舅父	阿基
姨母	阿娥（母之姐）、阿科（母之妹）
姨父	阿娥（母姐之夫）、阿赤（母妹之夫）
外祖母	阿普
外祖父	阿匹
岳父	阿呢布
岳母	阿呢嫫
哥哥	阿朔
嫂子	车饶或阿朔
姐姐	阿朔
姐夫	阿朔
弟弟	涅饶
妹妹	涅饶
妹夫	涅赤
丈夫	科颇
妻子	科嫫
儿子	饶古
儿媳	饶古或饶米
女儿	饶古或饶米
女婿	饶古或里科
侄子	饶古或车饶
侄女	饶古或车饶
孙子	里饶或阿里
孙女	里饶或阿里
外孙	里饶或阿里
外孙女	里饶或阿里

基诺族亲属称谓制度有以下几个特点：1. 祖父、外祖父及其所有远近从表兄弟通称“阿普”；祖母、外祖母及其所有远近表姊妹，通称“阿匹”。2. 兄弟姐妹、表兄弟姐妹、弟媳、妹夫都可通称“车饶”。3. 儿子、女儿、外甥、外甥女、女婿、儿媳都可通称“饶古”。4. 孙子、孙女、外孙子、外孙女，不分性别都可通称“里饶”或“阿里”。

回家的基诺族夫妇

绕考俄

基诺族社会中的男性青年组织，基诺语称“绕考俄”或“绕考玛”。“绕考”意为“小伙子”，“俄”意为“团体或人们”。“绕考俄”的首领称为“绕考阿朔”，“阿朔”是基诺族对与自己同辈的长者称呼，相当于汉语中的哥哥。

“绕考阿朔”的产生方式有多种：第一种方式是选举产生，那些能说会道、办事公道、有组织能力者往往都是大家推举的对

妇女·青年·民兵之家落成

象。“绕考阿朔”的任期通常3~5年，在20岁结婚年限到来之前每个“绕考阿朔”都要结束自己的任期。第二种方式是用禅让的方式产生。上届首领在离职前，把首领的职务禅让给经过考察适合做首领的同伴。第三种方式是任命产生。通常由村寨的行政领导在已婚男子中任命，这样产生的“绕考阿朔”任期年限不定，有的甚至到50~60岁还在担任此职。第四种是采取选举与任命相结合的方式产生。如在巴亚寨，“绕考俄”有三个首领，一个从“绕考俄”成员中选举产生，任期一年；一个由村寨行政领导在20~30岁尚未结婚的人中任命，任期不定；一个由村寨行政领导在30~40岁未婚男子当中任命，任期不定。

男性青年参加“绕考俄”有四个限制条件：第一，按照村寨惯例举行过成年礼仪的人才能加入“绕考俄”。由于各个村寨举行成年礼仪的年龄各不相同，因此各个村寨年轻小伙儿加入“绕考俄”的具体年龄也不一样，有从14~18岁不等的情况。第二，发育正常的人才能加入“绕考俄”。聋哑人、盲人、痴呆者、身体残障者没有加入“绕考俄”的权利。第三，尚未举行成年礼仪且由于父亲亡故而直接当家长的小伙子不能加入“绕考俄”。第四，未婚也是参加“绕考俄”的前提条件之一。加入“绕考俄”的青年一旦结婚通常就意味着退出了“绕考俄”。对于结了婚又丧偶，并且还没有当家长的年轻男子，通常还要加入“绕考俄”。除这些条件之外，男青年参加“绕考俄”，还需向这个组织缴纳一些烟草，让组织成员一起分享。

切草烟叶

知识链接 **烟草** 即基诺族自己撒种的草烟制品。此类草烟成熟后，把其叶片收割自然晾晒干，然后切成细丝即可包裹吸食。以往在基诺族社会大多数男女皆用芭蕉叶包卷烟草吸食。

“绕考俄”成员聚会的场所有二：一是在“尼高卓”，意为“坐玩场”或“玩之家”；二是在村寨中的公共活动场地。

尼高卓是“绕考俄”成员夜间聚会和栖息之处，并不是一座单独的建筑，而是在村寨中除长老和巫师家之外的家庭中，选择房主热情友好、房子比较大、人口不多的人家的家屋作为这样的聚会场所。作为使用房屋的回报，绕考俄成员定期要送房主家一些柴火。在尼高卓中活动的人既有年轻小伙“绕考”，

节日执勤的青年

也有年轻女子“米考”。夜间，绕考在此做编织等手工，而米考则从事纺织、刺绣等，与此同时，男女之间谈情说爱也在此展开。

在村寨中的公共活动场地上的聚会，通常是在晚饭后，活动内容主要是绕考俄成员白天所发生的一些事情进行汇报，然后由绕考阿朔来决定接下来的工作内容，并提醒需要注意的事项。此间聚会只有绕考俄成员参加。

“绕考俄”在基诺族社会中的主要职能有：第一，为未婚男女青年间的社会交往提供帮助。如帮助未婚男青年找对象，监督非法恋情的出现等。第二，承担村寨的公益劳动和杂务。如节日里负责接送客人、修筑村寨道路、巡查村寨界标、预防火灾、防止偷盗等。第三，村寨的安全保卫工作，组织正常的男女青年活动。第四，负责维护村寨的习惯法规。对违反寨规的人和事进行监督，并对违反寨规情节较轻者执行罚款等。第五，组织开展丰富的文体活动，如节日歌舞、传统体育项目比赛等。

知识链接 **非法恋情** 在基诺族传统社会中，禁止同一个氏族的男女青年相互谈恋爱，如果发生此类恋情则被视为非法，通常会受到惩罚和制止。

知识链接

米考组织 米考组织即女性青年组织，这类组织在基诺族社会中并不普遍，仅在部分村寨存在过。然而，即使没有女性青年组织的村寨，参加过成年礼并且未婚的女青年通常也到村寨男女青年活动的场所尼高卓中与未婚男青年进行社交活动，在此寻找自己心仪的对象。一旦结婚就不再到尼高卓中参加活动。

基诺族女青年

随着时代的变迁，社会的发展，基诺族传统的男性和女性青年组织已经消失，但它的功能继续由各个村寨后来出现的青年民兵组织和妇女联合会组织等所发挥。

参加表演的儿童

米考组织的变迁，今天基诺族社会的妇女联合组织，主要由已婚妇女所组成，并且这个组织成为村寨公共事务的主角。

诺则绕考 “诺则绕考”基诺语意思为“跟在后面的男孩儿”。这种组织不是在每个村寨都存在，而且即使有这种组织，它也比较松散，可以说是“绕考俄”的附属组织。“诺则绕考”一般由8~13岁的尚未举行过成年礼的男孩儿组成。这个组织的职能主要是帮助“绕考俄”发现村寨中违反寨规的事情，并向“绕考俄”报告。随着学校教育的普及，传统的儿童组织渐渐由少先队等组织所取代。

叭咋先组织

叭、咋、先组织是车里傣族土司在基诺山地区基诺族村寨建立的基层管理系统。在叭、咋、先之上于司土和巴坡两个寨子还设了两个“金伞大叭”分别对阿西、阿哈两个支系的基诺族进行管理。大叭、叭、咋、先作为傣族土司统治基诺山的代理人，在傣族土司正式任命前一般要经过村寨长老乃至父系家长参加的村社会议推举，而在一些村寨，叭、咋、先由氏族长老头人兼任。叭、咋、先的职责主要有二：其一，为傣族土司催收门户款、提

开发民族饮食文化的卓巴园

供劳役和纳贡；其二，按照习惯法解决民事诉讼和案件，维护村社的治安。

补远一带的乌尤支系的基诺族则受勐旺傣族土司的统治。勐旺土司在补远一带基诺族村寨中任命“五大头人”作为代理人进行管辖。这五个头人分别称为：“总伙头”“大伙头”“二伙头”“三伙头”“照邦”。“五大头人”又通过任命“十甲头”直接对村民进行管理。

傣族土司设置的村寨管理组织虽然与村寨长老组织相结合，但是总体而言，其对基诺族人民具有压迫和剥削的性质。傣族土司针对基诺族设置的基层管理组织到20世纪30年代被削弱，并一直延续到中华人民共和国政权在此建立之后，才被废除。

知识链接 **土司制度** 元明清各朝以封授少数民族首领世袭官职进行统治的一种制度。接受官爵封号的少数民族首领统称为土司。元明清时期基诺族聚居地区主要在傣族土司的统治之下。

第四章 日常生活中的独特创造

日常生活中鲜活的文化实践，处处体现着参与者的理想以及其为之付出的努力，展现着参与者对自然、社会的认知，更重要的是，这种文化实践是过去、现在与未来联系性与断裂性最为集中的过程。通过一个民族日常生活中鲜活文化的展现，我们可以认识这个民族的细微之处，感悟其独特魅力。

服饰文化

纺织

纺织是制作服装的前提，包括纺线和织布两部分工作，在基诺族社会中通常由女子来完成。纺线之前要用轧花机对纺线的原料——籽棉进行加工，使籽棉脱籽，然后用黄竹做的弓弹皮棉，使棉花疏松。接着妇女手持纺轮把棉花捻成线。捻线用的纺轮制作比较简单，通常是用一块直径五六厘米的圆形木块，也有用塑料块的，在中间凿出一个孔，然后削一根一端带钩的竹棍插入孔内即可。用纺轮把线纺好之后，在绕线架上把线绕成直径1米左右的线圈，然后取下来捆成束，接着用清水冲洗，再用白糯米汤浸泡，使棉线板结且洁白。再用树皮、树根或植物的叶子、花卉或果实的汁液把一部分白线染成红、黑、蓝、绿、黄等颜色。

▲ 纺轮

纺织工具和服饰 ▼

织布用的织布机称腰机或踞织机，这种织布机的主要构件包括：拴经线的木桩、分经线竹竿、定经线的大竹筒、定经杆、木

架、拉杆、综杼杆、木刀、梭子、布轴、腰带等。正式织布前，要用定经线的棍把织布用的经线拉好，所用的线一般在300~450根之间，并根据织布的需要而搭配不同颜色的棉线。妇女织布时席地而坐，把经线的一头拴在自己的腰上，另一头拴在对面的木柱上。双手持梭将纬线来回牵引，然后用砍刀状的木板打紧。因此，基诺人通常称用这种织布机织的布为“砍刀布”。

织布机

织布用的棉线

知识链接 **砍刀布** 基诺族对自己纺织的棉布的称谓。由于在织布的过程中，要使用形似大砍刀的木制工具，故得名。

刺绣

基诺族的歌曲中唱道：“我是一个女人，当我做出来的衣裳不如人时，绣出的花不如人时，你可能会说我太笨，这个女儿为什么不如妈，是不是神仙丕嫫的安排。我主持不了这个家时，你是否会抛弃我?”从这首歌词的内容可以看出刺绣在基诺族传统社会，对于女性而言不仅是必备的生活技能，也是评判女子是否能干的重要标准之一。

绣片

服饰使用绣片的常见部位有：男式上衣后背心的月亮花；女式的胸兜、上衣下半截和手袖、短裙的下半

▲

刺绣图案

> **知识链接** **丕嫫** 也称培嫫，是基诺族女神之一，在基诺族的观念中，培嫫主要掌握人类命运，她使男人具有九个魂，女人具有七个魂。并且她把人的命运刻在人的额头上和手心上，她是基诺人祭祀的对象之一。

部分和脚边；挎包袋上半部和包角的月亮花。

刺绣常用的图案有线、圆、方、三角、菱、树、草、花、根、水、星河、房屋等。采用直、横、斜、折、曲等排列；采取多少、大小、反复、间隔、位置等处理。在线的处理中采用疏密、粗细的手法。刺绣的色彩常用黑、红、白、黄、绿相互搭配。

男装与女装

总体而言，基诺族所穿的衣服大都是用自织的“砍刀布”缝制而成的，在缝制时以白色棉布为主，再配以用黑、红、黄、青、蓝等颜色的棉线织成的花色棉布。

▲

男子包头

巴卡男装 ▶

男子服装 成年男子的服装包括上衣、裤子、绑腿、包头等。

上衣，基诺语称“佩头”，对开襟无领，有袖，由边上镶有彩色条纹的砍刀布制成。制作方法是：用两块砍刀布缝制成双肩和后背的上部，再用边上镶有彩线条的白色砍刀布将后背的下部和前襟围拢缝合，前襟自然对开，形成衣身的部分。再各用一片砍刀布缝成两只袖筒，连缀在衣身上。砍刀布边上的彩色线条，自然地在前襟、胸、臂、腕、下背等处形成具有装饰性质的彩色条纹。再用黑红条纹布在袖口、衣脚镶边。后背上部中央缝上绣有一朵月亮花的方形绣片，衣服就算是做好了。

裤子，基诺语称“老组”，是用白色砍刀布缝制成的长腿管宽腰裤，无裤袋。依照臀围的大小将砍刀布裁下，做成裤子的上部。再根据穿裤人腿长的情况裁剪两片砍刀布，每片缝成一只裤筒，再与裤子的上部分相连，缝成有裆的裤子。裤腰两侧各开一个三寸长的口子，在开的口子上各缝一小块方形黑布，象征被箭射中处，基诺语称为“普勒斯”。男裤的裤脚、膝盖部位都有红黑色条纹。裤腰处用彩色棉线织成的圆形两端有缨的裤带系扎，打结后的缨穗坠于腹下。

膝盖以下至踝关节以上，还用白底带彩边的砍刀布做的绑腿缠裹，有的绑腿上还缝有绣片，绑腿裹起后两头扎绳，双脚赤裸，不穿鞋袜。

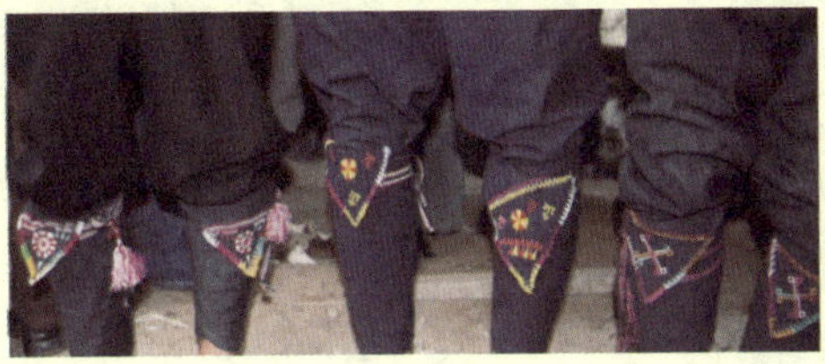

男子绑腿

基诺族男子缠的包头，基诺语称“乌托”，它有两种类型：一种是用一米多长的黑色包头布，直接往头上缠绕而成；另一种是把黑色包头布叠成条状，然后绕成圈状固定，做成一筒箍，套在头上。在长条包头布的末端，均有花纹，有的还缀上一串红豆或虫翅做的花等饰品。

女子服饰 基诺族成年妇女的服装，包括上衣、筒裙、帽子等。上衣也称“佩头”，为无领圆口对襟衫，上半部用黑布或白色砍刀布制成，下半部用红、白、黑、黄、青、蓝、紫七色布条拼成横条花纹或绣上一些图案花纹。臂、肘、袖口是对称的彩色

身着传统服装的基诺族妇女

肚兜

条纹，用黑色和红色两种线镶边。

内衣为胸兜，基诺语称“撒拍”，意为“遮羞”。胸兜上呈方形下呈缺角菱形，上半截绣有鲜艳的花纹，下半截有夹层，夹层用白细布做成，并绣有各种图案花纹，有的还在上面镶银泡。在上半截左右两端各缝上一根带子，用来系套在脖子上；下半截的两端上下都各缝上一根带子，是为了将其固定在胸部用的。带子习惯系在右侧，胸兜长度以遮住肚脐为止。

基诺族妇女下身穿筒裙，此种筒裙无腰，长过膝盖，上部用白底彩条砍刀布制作，下半截用普通的黑布镶上红边做成，上下两块布拼缀在一起，前开衩即为筒裙。成年妇女的筒裙分两层，外边的一层较里边一层短，里边一层的正后方缀有一块可以经常拆洗的细布。20世纪50年代前，大多数村寨的基诺族妇女均穿筒裙而不穿裤子，少部分村寨的妇女裙内穿无腰稍长过膝盖的彩边裤，她们在小腿上裹上长约一尺的黑色包脚布，有的包脚布做成筒状套在腿上，有的做成筒状布块围扎在腿上。脚面赤裸，不穿鞋袜。

勐旺基诺族妇女服饰

知识链接 **筒裙** 又称统裙，直裙。其造型特点是裙摆侧缝，从臀部开始自然垂落呈筒状。南方许多少数民族都喜穿筒裙。

基诺族妇女头上均戴一顶尖锥形尖顶帽，人们通常称它为“尖尖帽”，这种帽子是用彩色条花纹的白色砍刀布制成的，制作时用一块砍刀布对折缝起一边，呈尖锥形即成。已婚妇女的尖尖

尖尖帽

帽前檐朝外翻卷，卷起的幅度以布边上的黑色条纹为限，未婚女青年的尖尖帽的前檐通常不做翻卷。帽子两侧长至脖子处。勐旺乡补远村一带乌尤支系的基诺族妇女，所戴的尖尖帽称“乌妞”，这里的尖尖帽的特点是帽子后面的帽披较长，可达到腰部，帽披上还绣有花纹。

知识链接 **儿童服饰** 基诺族儿童服饰与大人相似，大多是用大人的旧衣裤改小而成。很小的时候，女孩一般在腰腹间扎一块布做围裙，男孩多光着屁股，稍大一点后穿开裆裤。等到举行成年仪式之后，父母才正式为他们准备成人的服饰。儿童服饰当中，比较特别的是帽子，基诺族婴儿的帽子是一顶类似汉族的小瓜皮帽，帽子有黑色布制作的，也有用彩色布拼接缝制的。大人为了辟邪，还在小孩的帽子上缀上姜、贝壳、狗骨头、小块铁器等物。

基诺族儿童

特殊服饰

除了日常穿戴的服饰之外，基诺族还有一些特殊人群或特殊村寨或特殊时刻才使用的服饰。如白腊泡服饰、巴来寨穿的“公安服”、树皮衣服等。

白腊泡服饰 白腊泡是基诺族对祭司的称谓，他们在主持祭祀活动时均要穿戴特殊的“法衣”“法帽”，还要挎着制作独特的挎包。

白腊泡的法衣，基诺族称“吐派”，它是用一块和白腊泡等身长的黑布，在布长的一头裁出一个套头的空，布的两边再各裁出一个袖洞，于背部围拢，用固定在腰部的带子系在后背。法衣下摆中间开衩，衣摆长至脚面。白腊泡作法时，内穿黑色衣裤，外面再套上法衣。

法帽“乌克”

白腊泡的法帽，基诺族称“乌克”，它的基础部分是一顶黑色瓜皮小帽，在小帽的顶部正中的位置缀有红色布条，在帽檐靠

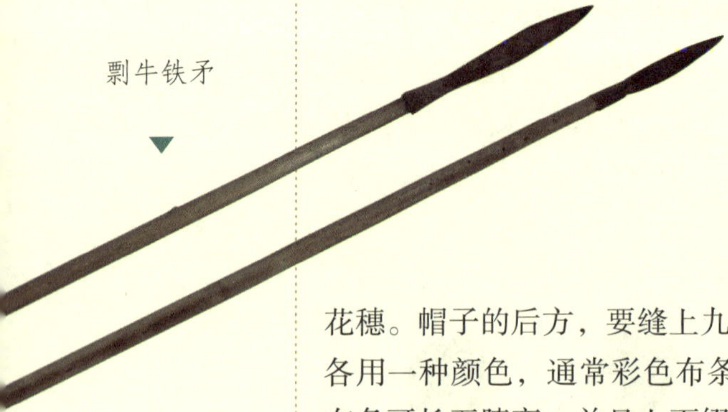

剽牛铁矛

耳朵的位置，两边分别缀有缝制的彩色花穗。点缀的花穗的数量随着白腊泡主持“剽牛仪式”次数的增加而增加。每主持一次“剽牛仪式”，白腊泡就会得到做祭祀活动的人家赠送的一对彩色花穗。帽子的后方，要缝上九条双色布条，每根布条正面和反面各用一种颜色，通常彩色布条有黑、红、黄、白四种颜色搭配。布条可长至膝弯，并且上面缀有贝壳。帽檐部位还缀有三行横排的贝壳，随着白腊泡资格慢慢变老，点缀在帽檐的贝壳可增至六行。由于资格老的白腊泡黑色法帽上缀满了贝壳，因此一眼看上去，法帽就像是白色的一样。

知识链接 **剽牛** 云南地区一些少数民族杀牛的一种方式，也是一种占卜形式。有的民族在剽牛时，通过观察牛被刺中后倒下的方向、姿态，预卜事态发展的趋势和结果。

“公安服” 这种衣服在基诺族男子通行的服装基础上，在胯的位置加了一块砍刀布，这块布从前腰伸出经过胯后固定在后腰。据说此种服装在传统社会是由维持治安的人穿的。现在主要是巴来上寨、下寨和小寨的男子在穿。传说巴来寨曾经有个人从路上捡回了基诺族法官的衣服，但得不到本民族的人承认，而致使法官的衣服烂掉，基诺族的法律也从此消失。巴来寨的男子服饰，被人们认为是维持治安的人穿的服饰或许与这个传说有关。

穿“公安服”的巴来男子

树皮衣服 基诺族通常用“见血封喉”树的树皮来制作树皮衣服，其制作的程序如下：1. 选树；2. 剥取树的外皮，并丢弃；3. 割取树的里皮；4. 把里皮放入木桶；5. 把水放入木桶浸泡树皮；6. 取出树皮捣软；7. 把树皮晾晒干；8. 根据男女身材剪裁成衣服。

剪裁树皮布

树皮衣服

树皮衣服的最初功能有三：一是御寒避体。基诺族生活在高山密林之中，在此环境下，早晚温差明显，空气湿度大，人在森林中长期从事采集、狩猎活动，需要衣服来御寒防潮，而从衣服的原料来看，麻、棉的产量有限，且工序复杂，但树皮却能就地取材，且制作相对简易，也无须成本投入。二是休憩或睡觉时，或垫或盖，极为方便。三是遮羞。

随着社会的发展，上述三种功能逐渐被其他原料制衣所取代。时下，树皮衣服的使用主要是在象征层面。其表现有

知识链接 **见血封喉树** 又称箭毒木，为国家三级保护植物。生长在海拔1 000米以下的常绿林中，为桑科常绿高大乔木，树液体有剧毒，在中国主要生长在云南的西双版纳和海南的热带雨林中。西双版纳的基诺族、傣族、哈尼族都会用此树的树皮制作衣服。

二：一是作为基诺族服饰文化的一种历史现象被博物馆收藏、展示；二是作为基诺族特懋克节上，人们跳辞旧迎新仪式“尕祝里”所穿的服饰，其是过去、旧、往昔的象征。

其他装饰

筒帕 即挎包，是基诺族服饰重要的组成部分，不论男女，外出时都会随身挎着一个筒帕。如男子上山打猎、下地劳动、走亲串寨都会挎着筒帕。同样，女子上山采集、赶集也少不了挎着筒帕。对刚成年的青年人来说，筒帕不仅是装载物品的袋子，而且还是他们成年的标志，也是爱情的信物。基诺族的筒帕制作精细，用砍刀布加上绣片缝制而成，当然，在不同村寨筒帕上所用的花纹图案也不相同，月亮花是最常见的图案。此外，基诺族的筒帕还有性别差异，男子的筒帕比女子的都要大一些，而且男子筒帕上有九个图案花，象征男人所拥有的九个魂。女子的筒帕上只有七个图案花，表示女人所拥有的七个魂。

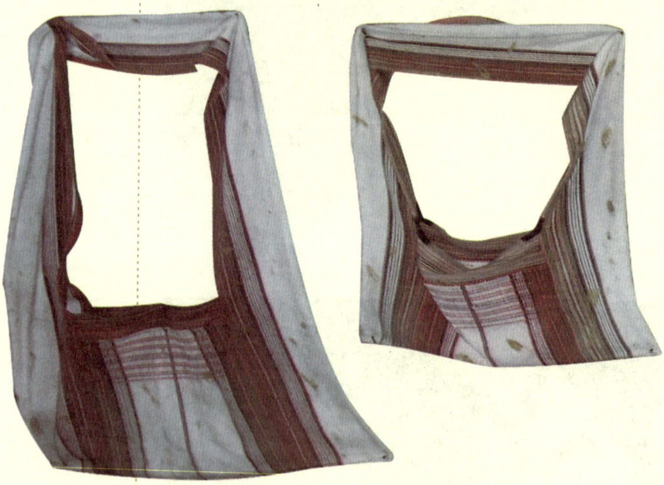

▲

筒帕

发式 基诺族男子很早的时候有留三撮头发的习俗，一般额头上面中间的地方留一撮，左右两边太阳穴附近各留一撮。由于这种发式，古代志书上曾称基诺族为“三撮毛”。如今，此种发式已经消失不见了。

基诺族女性的发式上，已婚和未婚有所区别。尚未结婚的姑娘既可将头发在脑后扎成一束，也可将头发编成独辫，还可散披在肩上。结婚或未婚生子的妇女，发式就要做出改变，就是将头发盘在前额正中，然后戴上一个篾达。篾达是一种用竹篾编成的类似梳子样的装饰品。今天基诺族妇女的发式已出现了各种花样，篾达在基诺族社会中也已很少见了。

已婚妇女服饰与发饰

染齿 染齿在基诺族中也比较常见，最常采用的方式就是嚼槟榔。基诺族男女都有嚼槟榔的习惯，把槟榔和石灰放在嘴里嚼食，时间久了牙齿会变黑，嘴唇会变红，而且经久不褪色。除了嚼槟榔外，基诺族青年常聚在公房（尼高卓）里面染齿。染齿用的原料为黄牛角刺树（基诺族称“得吃阿扣”）、黑栗树、青冈栎树，其中最好的为黄牛角刺树。染齿时，把黄牛角刺树的树枝用火烧烤后里面流出的浆液就是染齿用的原料。基诺族的染齿行为具有杀菌、健齿和防蛀牙、龋齿的功效。

知识链接 **槟榔** 又称大腹子、槟榔子、青仔等。为高大乔木，叶长1.3~2米，竖果卵圆形或长椭圆形，花期3—8月，果期8月至翌年2月。咀嚼槟榔果可以起染齿、驱虫的作用。

咀嚼所用的槟榔树皮

耳饰 基诺人以戴耳饰为美，不分男女都佩戴。儿童从小就扎耳孔，而后随着年龄的增长，逐渐用小竹棍使其扩大，所以有的

耳饰

人耳孔直径达到5厘米以上。耳孔的饰物也非常多，有贵重的银制耳环；有竹木质地包银皮的耳环；有竹雕的耳环；有木雕的耳环；最简单的是在耳孔中塞一根木棍或纸，还有的将鲜花、香草作为耳饰。以鲜花、香草作为耳饰是基诺族的一大特色，特别是谈恋爱的青年人，最喜欢将鲜花和香草插在心上人的耳孔里，以此来表达自己的爱慕之情。而每到节庆之时，老年人也喜欢在耳孔里插上鲜花和香草以表达喜悦之情。

文身　一般是富裕家庭的人或对文身爱好的人，由傣族经验丰富的人为其黥刺。女人在小腿上黥刺，花纹与衣服上的装饰图案相仿；男人多黥在手腕、手臂上，花纹有动物、花草、星辰、日用器物等。基诺族的文身多半受傣族影响所致。

知识链接　**文身**　又称刺青，就是用有墨的针刺入皮肤深层，在皮肤上形成一些图案或字眼。古代百越民族中普遍存在这种习俗。

服饰的变迁历史

据清代《普洱府志》记载，基诺族的服饰："男穿麻布短衣裤，女穿麻布短衣筒裙，男以红黑藤篾缠腰及手足，发留左中右三撮，以武侯曾至其地，中为武侯留，左为阿爹留，右为阿嫫留，又有谓左为爹嫫留，右为本命留者。"

至20世纪50年代，当时民族工作队的调查报告《车里攸乐人（基诺族）》记载：

攸乐人男女衣服的颜色、花纹一样。男人上身穿对襟小褂，白色，没有纽扣，在前襟两边有几根红色、蓝色的花条，胸部也绕着大约有两寸宽的花条，背上正中有一块六寸半见方的用各色线条绣成的花纹图，有的像太阳，有的像野兽，他们称之为"孔明印"，一寨与一寨的式样不同。下身穿白色短裤，腿上裹着白绑腿。蓝色布包头，赤脚。女的服装：她们在胸前围一块三角形的花布，称之为"围腰"，外面罩着对襟蓝色、红黄花条小褂。一般都是自己织染的，下身围一块白布，长齐膝盖，两端交结在腹前，穿起来很不方便；腿上打蓝色绑腿。头上的装束，未生小孩前都是戴尖尖帽子，生过小孩的头上斜顶

一块平平的“篾笆”，帽尖倒下来；但在漫孔山有几寨不分婚否，妇女都戴尖帽子。

▲

基诺族男女服饰

今天，基诺族的服饰可分为日常服饰和节日服饰两类。日常服饰从内容上看，男子一般不再穿戴传统服饰，而是穿着形式多样从市场购买的流行服饰，如西服、T恤衫、衬衫、运动服、夹克、牛仔裤等。值得注意的是，在各类服饰中，印有太阳图案或类似太阳图案的款式，深受村民喜爱。部分老人头戴老式军帽，也有的戴鸭舌帽，无人缠包头，而年轻人流行染发、留长发，在手腕上刺汉字如“爱”“忍”等。女子则是中年以上，无论居家、下地还是外出赶集都通常会头戴一顶尖尖帽，而上衣则多为集市上买的青布衣，下穿傣式筒裙，腿上打黑色绑腿；中年则不再戴尖尖帽，多披头或扎马尾辫于脑后，也有的用市场购买的头巾裹头，上衣为市场购买来的款式多样的衣服，下穿傣式筒裙或长裤。青少年则无定式，牛仔装、连衣裙、超短裙、短衣短裤都有穿戴，与现行社会风尚十分接近。另外，中老年无论男女外出都喜挎基诺族挎包，而青少年在上山时挎，外出时则很少挎；不论男女，老年人在家和寨中，多赤脚，上山一般穿解放鞋，中年则居家穿拖鞋，上山穿解放鞋，外出穿皮鞋或拖鞋；小孩在寨中、家中多赤脚，外出则穿市场购买的各式鞋子。

村民的节日服饰则是以传统的民族服饰为主，同时又有所创新，成年男子头缠黑布包头，对襟无纽短衣，打着自制或定做的绣有太阳花的各式领带，下穿棉布短裤或各式长裤，双腿裹绣花黑布绑腿，赤脚或穿拖鞋、凉鞋，青少年则很少缠包头和打绑腿；女子，老幼皆头戴尖尖帽，上穿传统棉布上衣，下穿基诺族传统筒裙。

我们可以看到基诺族服饰，从古到今，从内容到形式，一直处在变化之中。从文献记载的麻制，老人讲述的用“见血封喉”树的里皮制成的“树皮衣”，到棉花纺线、织布后缝制的“砍刀布”服装，直至今天各种面料、款式服装以及配饰等物，都发生了巨大变化。

基诺族妇女三代人

总体而言，基诺族服饰变化有以下几个特点：第一，基诺族服饰不论从质料还是从款式、内容上看，都变得越来越依赖于市场；第二，基诺族服饰内容、质料的变化与基诺族的生产密切相关，种植作物的改变伴随的是基诺族服饰质料的改变，生产方式的改变决定着基诺族服饰的功能发挥；第三，年龄不同、性别不同，其对传统服饰采取的态度既有相同的一面（如对月亮花的青睐），又有不同的一面（如对挎包的态度）；第四，服饰变化的趋势，不论男女，先变下衣，再变上衣，男子头饰基本改变，而女子则相对保留。

饮食文化

基诺族是山地稻作民族，主食以米饭为主，间有薯类和玉米等杂粮。在基诺族的日常生活中，花生、芝麻、黄豆、冬瓜、南瓜、丝瓜、豌豆、青菜、白菜、姜、蒜、葱、辣椒、芫荽、香茅草、荆芥、香椿、大薄荷、野八角、野花椒等食物也比较常见。基诺族的肉食主要有两个来源：一是野生动物，二是饲养的家禽和牲畜。野生动物大型的有熊、豹子、野猪、野牛、鹿、麂子等；鸟类有白鹇、野鸡、山鹰等数十种；小型动物有竹鼠、松鼠、果子狸、小蛇、鱼、河蟹、穿山甲等；昆虫有竹虫、蜘蛛、蚂蚁蛋、蜂蛹等。而基诺族饲养的家禽和牲畜有牛、猪、鸡、鸭、狗等。野生动物是基诺族肉食的主要来源，家禽和牲畜只是在节日或举行祭祀仪式的时候杀食。基诺族的素菜主要为山上采集来的，很少自己栽种，因为在基诺族生活的地区一年四季都有可供采摘的野菜、野果和各种菌类。

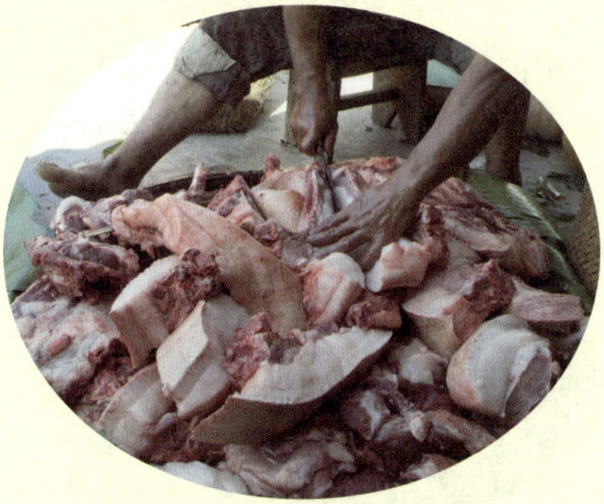

分割猪肉

饮食制度

通常村民一日三餐，早饭一般在上午7点左右吃，在家或用芭蕉叶包着在路上边走边吃。午饭一般在中午1点至下午3点之

节日饮食

间食用，地点多在劳作的山林中或山地的地棚内，米饭一般是早上用芭蕉叶包好的冷饭，而下饭菜有的是早上做好的冷菜，有的是一点腌菜，有的则是村民自带铜锣锅、盐巴到山上再找一些竹笋、瓜尖等煮或炒吃。晚饭一般在晚7、8点在家食用。

包食物的芭蕉叶

知识链接 **芭蕉** 多年生草本植物，有贡蕉，大、小灰色芭蕉等15个品种。主要分布在亚热带山区。芭蕉的果实和花可供食用，芭蕉树的茎秆可以喂猪；芭蕉叶常用于铺垫摆放物品或包裹食物。

舂槽

舂臼

饮食制作方法

基诺族食物的制作方法有：煮、蒸、炒、烧烤、腌、舂、凉拌、油炸等，其中以舂、煮、炒为主，而舂最有特色，正如基诺族俗话所称：“汉炒、傣蘸、基诺舂。”而饮食制作，一般由妇女完成，但是男子也时常生火催爨，特别是在妇女上山采集时尤为如此。基诺族好酸、辣、苦味。

特色菜品

咖喱罗果酱 咖喱罗是一种树上的果子，味酸、甘苦而清香回味。制作的方法是：取咖喱罗果2~5个，去皮，将表面的肉层捣烂，加上按各自口味制成的作料盐，一起放入舂槽舂成酱即可。咖喱罗果酱是基诺族食用各种生菜的调味佳品。在年节的时候，各家准备的饮食中往往都有咖喱罗果酱。基诺山有的餐厅还以“咖喱罗”命名，可见咖喱罗在基诺族饮食文化中占有重要的地位。

包烧山蜘蛛 此道菜所用的山蜘蛛体呈长圆形，黑灰色，背上长有斑点，常攀附在树上结网，以食小昆虫为生，体内含有很高的蛋白质。制作时将捕来的山蜘蛛去掉丝和脚，放在舂槽里与盐、姜、辣椒、野八角、蒜等作料一起舂成肉酱，再用芭蕉叶包好放在火炭上烤，待芭蕉叶烤黄后即可取出食用。香辣可口，营养丰富。

剁生 基诺语称“阿祖阿杰”，通常用刚杀不久的新鲜牛肉舂黏或剁细后制成。其分为三种：一种是舂黏拌作料吃，一种是剁细不煮熟吃，一种是剁细了煮熟吃。剁生通常只用牛肉或者猎获的麂子肉，而不用猪肉。通常每次生、熟的都制作，由食用者选择。邻近傣族也喜欢制作这道菜。

▲

剁生用的橄榄树皮

白旺 即生血，通常为没有伤到骨头的牛血。杀牛时，将鲜血用盆或桶接下，加入一些食盐，接着切一些瘦肉炒熟后拌入其中，再加入葱、姜等作料，然后用生的白菜心、莲花白、水香菜等蘸着吃。

酸笋煮鸡 自己养的鸡杀死后，去除毛和内脏，把鸡肉砍成块与从野外采来洗净的酸笋一起放入清水中煮，待煮熟后即可食用，鸡肉清香可口。

苦子果汤 将色绿味苦、形如珍珠的苦子果与苦凉菜、臭菜、酸芥菜等野菜一起放入舂槽里面，再加入姜、盐、野八角、

捡苦子果

香茅草等作料后舂细然后放入开水中煮沸即可。此汤清凉解渴，先苦后甜。

知识链接

苦凉菜 又称大苦溜溜、螺旋茄、百两金。产于西双版纳等地，多年生亚灌木。茎直立，绿色，圆形，嫩枝略有棱，具白色皮孔。夏秋季节可采集嫩叶煮汤或素炒食用。全株用药，用于治疗腹痛、疟疾、感冒发热、喉痛等。

臭菜 又称羽叶金荷欢，原产于亚洲和非洲的热带地区。攀缘、多刺的藤本植物。一年四季均可采集，主要食用其嫩叶。

酸蚂蚁

酸蚂蚁蛋汤 制作这道菜的前提是采集酸蚂蚁蛋，通常酸蚂蚁蛋是在树上的蚂蚁包里面，采到蚂蚁包后，把蚂蚁蛋周围跑动的成熟蚂蚁去除，只留下蚂蚁蛋，制作时把蚂蚁蛋洗净，取少量的蚂蚁蛋舂碎。用竹筒或锅盛适量的水煮沸后，放一点臭菜，然后将剩下的蚂蚁蛋和盐、辣椒放入，几分钟后即可起锅。这道菜味美菜嫩，营养丰富。每年3~4月酸蚂蚁蛋汤也是最受欢迎的菜肴，有的村民还喜欢在酸蚂蚁蛋汤里面加入酸荞。酸荞是一种野菜，味酸，与酸蚂蚁蛋加在一起，会变得更有鲜味。烹调方法是先将酸荞煮熟，放入姜、香茅草，随后将蚂蚁蛋放入、煮沸即可，不能多煮。

知识链接 **香茅草** 又称柠檬草、香蕉茅、风茅等。多年生草本成大丛，有柠檬香气、秆粗壮，高2米，节常有蜡粉。秋季开花。在西双版纳一带，人们通常用其作为烧烤食物的作料，并且其还可用于治疗头痛、胃痛、风湿等疾病。

烤苦笋 苦笋挖出来后，煮熟或烧熟，蘸着自制的喃咪或清煮食用。这道佳肴吃时苦，食过则回甜，在西双版纳的风味小餐馆里都能品尝到。

饮品

基诺族的饮料主要有酒和茶。酒一般是用大米或苞谷为原料酿制而成的自烤酒。茶也是自己栽种、采摘、烤制。基诺山是普洱茶六大茶山之一，基诺族普遍种茶，也酷爱饮茶，形成了丰富的茶文化。依据制作方式的不同，基诺族的茶可分为凉拌茶、烤制茶、竹筒茶和铁锅蒸茶等。

饮食器具

基诺族的饮食器具主要有竹杯、竹饭盒、竹筷、竹桌、木勺、竹勺、铜锣锅、铁锅、木甑、瓷碗、芭蕉叶等。

宴席用竹杯

居住文化

基诺族的建筑除家屋之外，还有窝棚、粮仓、打铁房、神房等。窝棚建盖在农地里，分为“洞”和“洞便”两种；粮仓，基诺语称“积”，分为“积”和“积偏”两种；打铁房，基诺语称“腾包”和“揪哦”，“揪哦”则有建在地上和树上的两种；神房，基诺语称“聂凿”。

▲

干栏式建筑

另外，基诺族还有一种特殊的传统建筑“卓巴房”。卓巴房屋内的空间具有其他房屋所不具有的神圣性，这种神圣性特别体现在房屋的五根柱子上，这五根柱子分别是：寨神柱、兽神柱、生命柱、父亲柱（“黄牛柱”）、母亲柱（“水牛柱”）。

据基诺族老人回忆，早先基诺人住的家屋是用茅草盖顶、竹笆围墙的落地房，基诺族称为“咚木”，此种房屋外观与干栏式房屋相似，但只有一层，一般屋内隔成三间，房屋中央正对门一

间设有火塘，左右两侧各有一间，一间为父母卧室，一间则为女子所住。后来，出现了干栏式竹楼或木楼，其分为两种类型，一种是父系小家庭居住的房屋，另外一种是父系大家庭成员共同居住的“大房子”。干栏式建筑的平面布局有三种主要形式：1. 堂屋居中，两侧为卧室。此种类型为基诺民族居住的典型布局。2. 堂屋与卧室各居一侧。3. 堂屋与厨房分离。而20世纪50年代民族工作的调查资料显示：“攸乐山上都是草房，式样和傣族一样，分上下两层，下层装柴或养猪、养牛，上层住人。房子有前后两个门，前门外有一个平台，用竹片编成，很干净，后门不走，只走前门，一进门就隔起一道篾笆，外面有个火塘，旁边铺着一张席子，这是为客人准备的。没有客人时，火塘作煮猪食用。篾笆里面也有个火塘，是自己家用的。整间房子很大，长宽约有3丈，是方形的，全家劳动一天回来都在火塘边煮饭吃。在大房子的两侧有很多小房间，可睡三四个人，这就是卧室，外人不能进去。”20世纪80年代中期以后，出现了土坯房和砖房。20世纪90年代以来，基诺族在保留干栏式建筑的同时，其所使用的建筑材料却改变了，特别是屋顶所有的材料从茅草、挂瓦，逐渐向石棉瓦、磁瓦、铁皮瓦过渡。浇灌的钢筋水泥平顶房也在逐渐增多。

◀ 建盖中的房屋

▲ 正在建盖的干栏式建筑

▲ 传统民居的革新

知识链接 **火塘** 就是在家屋中的某一空间用土挖砌一个小坑，或铺一平方米左右的土，在其上立三块石头，或置放一个铁三脚架，家人在此生火、煮饭、取暖、会客、祭祀等。火塘在中国南方少数民族家庭中普遍存在，在人们生产、生活中扮演重要角色。

刻木记事

20世纪60年代以前，在基诺人的日常生活中，由于没有本民族的文字，现代学校教育也尚未普及，他们往往以削竹、刻木来记录事情。通常情况下，每个基诺族村寨都有八副木刻，一副用于记录村寨各户值勤情况，其余七副用来记录村寨的账目。各个村寨使用的木刻，其上面符号的刻画方法和位置大同小异。

值勤木刻 基诺语称“左说马坝”，是所有木刻中最长最宽的一副，由执法木棍（基诺语称“把茄”）演变而来。此类木刻长约2尺，宽约3寸，共刻有3个或4个缺口，呈弯棍形状，用竹子做成，表面光滑，在弯节处拴线，线上挂一块白布，布尾撕成四条，每条布尾都缀有一两银子。此类木刻由村寨值勤人员执掌使用，是值勤人员行使权力的证据。为了维护村寨的安全或处理一些临时事务，在基诺族村寨中，每3户或5户或7户或9户编为一组，轮流派人值勤。这些值勤人员交班时必须交付执勤木刻，如果忘记交付执勤木刻则需再执勤，直到执勤木刻顺利交付为止。

记事木刻

记账木刻 分为总木刻、马料木刻（基诺语称“腰高马坝”）、酒木刻（基诺语称“记不马坝”）、蔬菜木刻（基诺语称“阿给马坝”）、粮食木刻（基诺语称“阿咩马坝”）、肉类木刻（基诺语称“给哎马坝”）、食盐木刻（基诺语称“册壳马坝”）、货币木刻（基诺语称“普鲁马坝”）。这七副木刻都用贝叶树的木料或竹子做成，由村寨负责保管工作的人员统一制作。每副木刻都由大、小两半组成，大的一半呈倒“7”形（基诺语称“阿普”），小的一半呈长条形（基诺语称“阿特”），日常生活中，大的一半由村寨负责保管的工作人员保管，小的一半由各户自己保管。每一副木刻的长度根据刻记内容的多寡而长短不一。通常情况下，记账木刻的一段刻着元数、尺数、斤数，另一端刻着角数、寸数、两数，元、尺、斤的刻痕较大，而角、寸、两的刻痕较小，结算记账时，保管员和各户家长分别拿着同一副木刻的一半，对两半木刻上的刻痕是否一致进行核对。并且每个家庭都会备有许多用来记事的小木片或竹片，在木片上刻一道小刻表示1，当满10时，则刻一道大刻，有的家庭还在刻木上捆上一点记录涉及的物品，以此来加强记忆。

知识链接 **贝叶树** 一种常绿乔木，树高可达十多米，树茎上有环纹，叶子大，称为贝叶，经加工晒干后可代替纸来写字。傣族用贝叶写的佛经被称为“贝叶经”。

树叶传信

在现代通信方式没有传入之前，基诺族村寨与村寨之间，个人与个人之间通常是通过一些物品和符号来传递彼此的信息。

在村寨之间，有紧急情况要互相通知的时候，使用木刻或竹刻传递信息。如果木刻上刻画三道纹，表示有事相邀；如果在木刻上加上火炭则表示事情紧急，须连夜赶来；加上鸡毛，表示须像飞鸟一样迅速赶到；加上辣椒，则表示事情十万火急。

基诺族村寨在举行重大祭祀活动或过年节时，还会在通往寨子的主要路口设置挂满“达辽”的大门，表示外寨人禁止入内。而在村寨之间的地界处，基诺族还会用木棒制作一些刀、枪状的

鸡毛信

物件，以及一些竹签绑在树桩上，枪口、刀口、竹尖一致对外，表示其他村寨如果越界侵占土地，则要对其罚款，乃至枪打刀砍。而一个基诺族家庭如果有祭祀活动，也会在房屋的楼梯旁挂“达辽”、仙人掌等，外人见到这些东西，便知道这家人在祭祀，从而不再进入他家。特别是一个家庭如果有人生孩子，也要悬挂“达辽”等，以此告诉来访者。而每个家庭每年在耕作之前“号地”时，要在自己选中的地块边的树上用刀砍出刀口，然后用树杈塞入刀口，表示这块地已经有人选中。其他人看到这种标记后就不会再选此块地。此外，基诺族还会在狩猎设置的陷阱、跳签、弯弓附近做标记，让人看到后绕道而行，不致误入受伤。

在个人之间，特别是恋人或情人之间，传递信息的方式有树叶信、捻白线、吐槟榔、折树枝等。基诺语称这种可以传递信息的树叶等物品为“肖茂有传播克罗”，意思为“放在岔路上表示爱情的东西”。在每个基诺族村寨都有“树叶信”的专门放置处，通常是在村寨附件的岔路口，大家约定俗成的一个地点。对于男女恋人而言，传递信息的树叶信常见的有三种，一种是用扫把花编成的，基诺语称“木了帕索亚”，这种树叶信传递的信息是：我与你心连心，现在我先走，在前面等你；另一种是用苦马草编成的，基诺语称“且色了妞”，它传递的信息是：我与你感情深厚，我正在前面等你；还有一种是用橄榄树叶编成的，基诺语称“瑟斯帕亚”，它传递的信息是：我们是天生的一对，我正在前面等你。另外，产生婚外恋的基诺人还在路边通过放捻线、吐槟榔口水、折树枝等方式向恋人或情人

知识链接 **扫把花** 学名棕叶芦，又称莽草、棕叶草等。禾本科，多年生草本植物。秆直立，粗壮，不分枝，高1~3米。生长于我国云南、贵州、台湾、广东、广西等地。可入药，开花后，多株扎在一起可制成扫地用的扫帚。

传递信息。

另外，基诺族还通过哭泣、打火药枪的形式报丧；通过吹奏或敲打乐器来传递信息，如敲打竹制乐器“七柯”和“布谷”来传递猎物信息等。

20世纪50年代以后，特别是改革开放以来，现代通信方式已经逐渐成为基诺族日常生活的重要组成部分，如今基诺族聚居地区不仅具有了完整的邮政服务体系，而且程控电话、手机已经普及，互联网正走入基诺族家庭，传统的通讯方式逐渐淡出了人们的日常生活。

基诺汽车客运站

第五章
基诺族的社会礼俗

世代生活在亚热带山林中的基诺族在与大山为伴的历程发展过程中，创造了独具山地民族特点的各种社会礼俗。这些礼俗处处透露着丛林的神秘色彩，展现着基诺族文化的独特魅力。

神秘的生育习俗

基诺族男子在妻子怀孕期间，为了孩子的相貌着想，上山打猎忌打猴子、花羽毛的鸟、叫声难听的鸟，也不能割岩石上的蜂蜜，不能砍棕树；为了防止胎儿畸形，孕妇不能吃野兽头上的肉；为了生产时顺利，妻子怀孕期间，丈夫不能打蛇、不能爬树摘果、不能砍没尖的竹子，孕妇上山采集不能采白参、黄色菌、独朵的鸡枞，忌吃未出头的芭蕉花等；夫妇都忌吃并蒂的瓜果。忌吃并蒂瓜果这一生育禁忌与祖源传说《玛黑玛纽》有关，担心吃了生双胞胎，出现返祖现象。无论这些生育禁忌主观上的意愿如何，在客观上却一定程度上防止了人们对植物和动物的过度采集和捕杀，对本地区生态环境的平衡起到了保护作用。

石岩上采来的野生蜂蜜

基诺族的产妇一般采用下跪的姿势生产，在基诺族传统社会，生产被认为是不干净的事，甚至会带来灾祸，因此，生产通常在楼房的阳台上进行。婴儿接生完毕之后，产妇要移到房屋内生命柱下换上干净衣服，在此设专门的床铺坐月子。此外，婴儿降生后父亲还要为新生命杀一只鸡，将鸡血滴在锅庄石上并沾上鸡毛，然后用煮过的鸡祭献培嫫、寨鬼和去世的父母，向其通报婴儿的降生，请保佑新生命的成长。并且孩子的父亲要将胎盘装在一个葫芦（或竹筒）中，埋在自家住的楼底

知识链接 **锅庄石** 通常是指使用火塘的家屋中用来置放铁锅的石头，在一些地区，人们野外野炊时，往往也临时用石块做锅庄石支锅煮食物。而在家屋火塘中的锅庄石逐渐被铁三角和省柴灶所取代。

产妇家屋外的“达辽”

下，位置在其父母的床下。孩子的出生时间即以埋好胎盘时间算起。根据基诺人“男有九魂，女有七魂”的观念，把备好的9根或7根木棍钉在所埋葫芦周围。上面再罩上一片竹篾，然后每天晚上在此根据孩子的性别燃9根或7根柴火，一直持续到孩子的脐带脱落之时。

基诺族围绕孩子的诞生形成了许多禁忌和礼仪。除了孕妇在怀孕期间有许多饮食和行为禁忌，产妇分娩时也有许多注意的地方，生产时需要在特殊的地方即阳台的竹篱笆旁，如果难产则搬到孕妇自己卧室的房门口的门槛边生产。基诺族认为婴儿出生后，要马上为其起名，如若不然，孩子就会被鬼神取了名而早夭。孩子取名的方式主要有父子连名、巫师起名、认干爹起名等。孩子满月时，一些寨子还举行特别的仪式。而且在一些寨子满月的孩子才被视为人。

认干爹

孩子出生后尚未满月时，外人（通常是男子）不能进入正在坐月子的人家，如果男子闯入产妇家，就要让违禁的人为新生儿取名，并且孩子还要拜取名的人为干爹，甚至还要跟着取名人的姓，以此来庇护孩子成长。如巴卡小寨资木拉家，汉姓姓氏为董姓，但他的亲弟弟却叫李从保，这个李姓就是从他干爹那里得来的。

农闲时节的基诺族村民

满月礼

基诺族产妇坐月子满一个月，即孩子一个月大时，在一些寨子要举行满月礼。孩子的父亲要在客房中杀一只鸡煮熟后独自吃，此时，其他人不能与他说话，否则，认为将导致不幸的事发生。杀的鸡是为了祭祀培嫫，有的还念祭词："婴儿已满月，请培嫫保佑婴儿健康成长。"据说经此仪式后，婴儿就在培嫫处挂了人的号。基诺族认为满月之后的婴儿才能称为人。满月死亡的婴儿可以葬入村寨公共墓地，而未满月的则不能。当然，并不是所有的村寨都举行满月礼。

多元的命名习俗

基诺族通常在两个时段为人取名，一个时段是在新生儿出生前，另一个时段是在新生儿出生时。新生儿出生前的取名相对简单，主要包括请祭司白腊泡取名和父子连名两种情况。新生儿出生时的取名方式则相对较多，往往根据新生儿出生的具体情况而进行命名。

基诺族新生儿的命名除了请白腊泡取名和干爹取名等特殊情况外，通常由新生儿的父母来完成，若父母拿不定主意的时候，帮忙接生的妇女或在现场年纪较长、有威信的人也可以为新生儿命名。

白腊泡取名

白腊泡取名有两种情况，一种情况是在新生儿出生前，由于夫妻此前生的孩子曾夭折或多病，为了现在怀着的孩子健康和平安着想，父母通常在孩子还未出生就请白腊泡来给孩子举行命名仪式。另一种情况是孩子出生后，经常生病，并久治不愈，通常会请白腊泡通过占卜看看是否是孩子的名字不吉，如果是孩子的名字不吉，就需请白腊泡取个名，以震慑恶鬼对孩子的侵害。

白腊泡举行命名仪式一般在播种仪式举行前后，凡有新婚夫妇的人家均可举行。仪式举行时，要准备三只小猪，其中一只献祭培嫫女神，一只祭祀家中亡故的祖先，一只用于祭祀寨神，此外还要杀两只鸡，并准备母猪、棕叶、次树嫩心、苦马草、一种寄生在高大树木上称为“达代”的黄色香花、一种风不吹自己也会动的植物叶子、芭蕉秆雕刻的黄牛和水牛各一对以及用树叶剪的小人一对。这些祭品准备妥当之后，举行仪式的家庭接着就去请白腊泡和七位长老来参加仪式。长老们到来之后，在他们的见证下，白腊泡主持的命名仪式正式开始。此时白腊泡要念诵祭

基诺族儿童

词，内容主要包括请已经亡故的祖先和寨神、寨鬼给予保佑，请培嫫女神赐名等。祭词念诵完毕，仪式结束后，白腊泡就会告诉孩子的父母，培嫫女神赐给孩子的名字是什么。

知识链接 **祭司** 专职掌管祭神活动的人。起源于原始社会后期，是原始宗教发展到较完备阶段时宗教活动的主持者。

通常而言，白腊泡请求培嫫女神赐的名，均带有“白腊”两字，并且在孩子未出生时，同时取两个名，一个给男孩儿用，一个给女孩儿用。男孩儿多叫白腊腰、白腊者、白腊车等；女孩儿多叫白腊蕾、白腊都、白腊妞等。

父子连名

概括而言，父子连名就是将父亲名字的末位一个或两个音节作为儿子名字的首位一个或两个音节。具体来看，基诺族的父子连名最常见的有以下两种类型。

第一种类型：父亲名字的末位一个音节是儿子名字的首位音节，即AB—BC—CD式（每一个字母代表一个音节），如腰波—波且—且高。

第二种类型：父亲名字的最末两个音节是儿子名字开头的两个音节，即ABC—BCD—CDE式，如切布鲁—布鲁车—鲁车皮。

父子连名曾经是基诺族最普遍的命名方式。当然，基诺族的父子连名还有两个特点：一是可以重复连，二是由于不同原因中断的情况也比较多。另外，随着学名的兴起和户籍管理制度的确立，基诺族的父子连名制已经成为一种隐性的命名方式。

名字前冠以“婆”

一种说法认为“婆”或“破”在基诺语中意为“倒过来”和“回来”的意思。由于此前孩子接连夭折，父母便在新生儿的名字前加“婆”，如婆切、婆薇等，以起到把孩子倒了的名字倒回来的作用，从而把孩子的魂请回来，让孩子能够生存下去。另外一种说法认为基诺族称布朗族为“婆”或“阿婆”，并且基诺族认为布朗族的巫师法力强大，所以就用称布朗族的音节作为孩子名字的首个音节，以给新生儿驱邪祈寿。这样的名字如婆什、婆且等。还有说法认为父母离婚后生的孩子也要在名字前冠以“婆”。

名字前冠以“沙”

孕妇分娩时，如果出现婴儿脐带绕脖颈或肩的情况，基诺族认为这表明新生儿是培嫫女神认领的，因此新生的婴儿就要中断与父亲连名，而是必须在新生儿的名字前冠以“沙”音节，如“沙车”“沙都”“沙得”等名字都是由此而来。

▲

外公与外孙

与路连名

基诺族称路为“腰科”，如果孕妇外出在路途中突然生产，新生儿通常要用“科”音节作为名字的首个音节，如“科包”“科耶”等。

名字前冠以“少”

未婚生育的孩子，并且只知其母不知其父，就要在其名前冠以“少”。“少”在基诺语中为“找”的意思，引申为“自找的”之意，也有“无父”之意。这类名字如“少得”“少者”等。如果新生儿有舅舅，也可与舅舅连名。如果孩子的母亲要再嫁，娶孩子母亲的男方需到孩子的舅舅家举行孩子的更名仪式，这样孩子就可以与男方连名了。

与傣族或汉族连名

基诺族称傣族为“布切”，称汉族为“阿合”。因此与傣族连名的名字就称为“切腰”“切施”等；与汉族连名的名字就称为“合生”“合舍”等。

以孩子的长相和特征取名

如婴儿有些瘦，但是长得玲珑可爱的，男孩儿就取名“波且”，女孩儿就取名“米且”。如果孩子皮肤较黑，一般就以“纳”为名字的首个音节，如男孩儿叫“纳吕”，女孩儿叫“纳标”等。此外如胖胖的孩子叫“米书”、乖娃娃叫“阿打”、白胖女孩儿叫“阿宝”、矮宝宝叫“米秦”等。

现代命名

随着现代教育的兴起，进入学校学习的基诺族都有了一个学名，与此同时，基诺族的姓氏也开始固定下来，父亲把名字的第一个音节固定下来作为姓，以此来给自己的孩子命名。如沙车，其子女把沙作为自己的姓氏来起名，如沙车的儿子叫沙晓桑等。因此，今天基诺族人往往都有两三个名字，一个学名、一个传统民族名，有的还有一个小名。

▲

母女俩

基诺族的常用名及其含义

基诺族男子的名字可以用任意两个常用名的音节组合在一起构成，如切、周、包、车四个音节，可以任意取两个音节来组合，所组成的一个词，都可以作为一个基诺族男性的名字。而女性的名字，通常则是用男性名字常用音节冠于女性名字常用音节前组成。

男子常用名及其涵义

常用名	含义	例名
资，阿资	物种，籽种	资包
木腊，木腊阿	漂亮	木腊伍
切，阿切	根基，根，树根	切腰
利，几利阿	沉，沉重	利优
周，周罗	膨胀	周所
杰，米杰也杰	朴实	杰泽
包，几包	茂盛	包么
肖，听肖	百，百个	肖周
车，车安	像，相似	车扫
伟，伟例	买，买东西	伟者
腮，腮旁	划，划开	腮木拉
扫，扫阿	响，响亮	扫包

续表

常用名	含义	例名
腰，腰秋	获得	腰波
优，优呢	养育	优扫
布鲁，布勒呢	满、装满	布鲁飘
么，么阿	好，很好	么周
基，基例	九，九个	基优
标，标阿	憨厚	标利
初，阿初	独，独苗	初腰
仁，阿仁	瘪	仁周
飘，阿飘阿扫	舒服	飘杰

▲

基诺族
男童

女子常用名及其含义

常用名	含义	例名
舍，拉舍	拉手	白腊舍
施，泽施	偏离	包施
德，阿德	整整齐齐	沙德
耶，耶切	切开	少耶
书，拉书	长，长度	扩书
都，阿都	蓓蕾	婆都
则，几则	淘气	铅则
姐，阿姐	旁边	泽姐
蕾，阿蕾	末端	合蕾
梅，阿梅	朦朦胧胧	周梅
薇，梯薇	秤杆花	切薇
漂，漂呢	顺顺当当	杰漂
妞	心	少妞

▲

基诺族
女童

由于基诺族男子和女子名字的常用音节加起来也只有50个左右，因此在基诺族社会中同名的人很多。为了对同名的人进行区分，基诺族往往采取以年龄、身体特点、氏族、在寨中居住的地理位置等来做标识。如同叫腰波，年龄最大的就称大腰波，年龄其次的叫中腰波，年龄最小的叫小腰波。如同叫药纳，腿长的叫长腿药纳，胖的就叫胖子药纳。如同叫白腊者，卓巴氏族的就叫卓巴者，卓色氏族的就叫卓色者。同叫沙车，住在寨头的就叫卓塔车，住在寨中的就叫卓果车。另外，同名的人还有用与父母连名的方式进行区别，如同叫白腊者，父亲叫沙车，就叫这个白腊者为沙车者，如果母亲叫杰得，叫白腊者的人就叫杰得者。还有根据同名的人在寨中的特长或独特之处来加以区分，如同叫白腊者，如果他还是打猎能手，就叫他者年，如果他有汉族的干爹，就叫他合者，如果有傣族的干爹就叫他切者。

基诺族人名字的第二个音节，无论男女，其意思大都与农耕和植物有关，还有少量取吉利、美等意思。基诺人的命名也常有以排行来决定的，如老大取名“稍”，老二取名“科”，老三取名“妞”，老么取名“蕾”等。

基诺族女童

在基诺人的观念中，尚未取名就夭折的婴儿是不能算作这个氏族和社会成员的，其属于鬼神所有。因此，一个尚未取名就夭折的孩子是不能埋到本氏族和村寨公共坟地的，只能草草地埋在村寨之外的荒野。而一旦一个孩子取了名，他就算是家庭和村寨的成员了。

基诺族的命名制度是基诺族传统文化的重要组成部分，具有丰富的内容，在某种程度上也反映了基诺族对自我的一种认知和期望。今天基诺族的名字已经不再限于那50个左右的常用音节，更加丰富多彩名字的出现，是基诺族与外界交流加强并共享一些文化的结果。

基诺族男青年

独特的成年礼俗

一般而言，基诺族青年男女在13~16岁时举行成年仪式，基诺语称“米考绕考婆”。举行过成年礼的男女正式成为村寨成员，有了婚恋的资格，并对家庭和村寨开始承担相应的义务。男青年举行成年礼时，父母为其换成年人的衣服，并赠送他生产工具、挎包等。女青年举行成年礼时，母亲为女儿围上围腰，父母赠送她绣花挎包、生产工具等。当然在现实生活中，由于村寨的不同，成年仪式的形式和内容往往会有差异。

比较典型的基诺族男子成年礼仪有以下几种。

第一种类型：么卓寨的成年礼仪。在么卓寨男孩长到16岁时，举行成年礼。在此之前，小伙的母亲早已为他准备好了一套崭新的成年人服装，并且还要为他缝制好一个标志成年的挎包——筒帕。举行成年礼仪的这一天，小伙需理发、沐浴后穿上准备好的新衣，接着独自或在伙伴的陪同下，端着一碗酒到“尼

参加舞蹈表演的基诺族男青年

高卓”主动请求加入“绕考俄”组织。在“尼高卓”唱了称赞男性青年组织成员的念词后，向组织首领敬酒，首领和成员大家一一尝过小伙敬的酒后，首领对小伙表示了欢迎，有的成员还唱礼俗歌回复小伙。之后，即宣告小伙加入了青年组织，取得了成人的资格。

第二种类型：巴洒寨的成年礼仪。其采用暴力劫持的方式来完成，男性青年组织中的成员突然袭击把需要举行成年礼的小伙抬到“绕考俄”聚会的地方，让小伙听完“绕考俄”首领讲述参加“绕考俄”后应享有的权利和承担的义务之后就算完成了成年礼仪。当然在劫持当事人的过程中，巴洒寨是不准用石头、棍棒等打当事人的。

第三种类型：扎果寨的成年礼仪。通常也采用暴力劫持的方式来进行，时间是在村寨中上新房的时候，并且按惯例在劫持的过程中可以把违抗劫持的当事人打伤。因此，为了防止机灵且需要进行成年礼的小伙在逃跑中受伤，“绕考俄”的首领往往事先与举行成年礼的小伙家属串通，出其不意地使其就范。举行成年礼的小伙被抓到“绕考俄”聚会处，分配席位入座后仪式即宣告结束。

第四种类型：巴亚寨的成年礼仪。其也有突然劫持的仪式，但只允许在房屋外抓当事人，而不能在家中劫持。而对于那些机灵难于抓到的当事人，只要得到当事人身上的一件信物即代表抓获了当事人本人。对于执意违抗抓捕的当事人，虽然不能用石头、棍棒等使其受伤，但可以用手抓破其皮肉。当事人被抓到“绕考俄”聚会处，在聆听了首领的例行告诫之后，当事人就完成了成年礼。

比较典型的女子成年礼仪如下。

第一种类型：么卓寨的成年礼仪。举行成年礼仪时，当事人的父母需要回避，由举行过成年礼仪但尚未婚嫁的女子为其操办全部仪式过程。首先，将当事人母亲为其准备的围腰缝在当事人的裙子上，然后在她的肩上披上其母亲为她绣制的“能帕”。数日之后，趁当事人不注意，举行过成年礼的姑娘们根据事先的策划，一拥而上，将当事人围住并按倒在地，并把前几天缝在她裙

基诺族女青年

子上的围腰撕下，从而告诫她，她已经成年了，以后要自己主动围上标志成年女子的围腰了。

第二种类型：巴洒寨的成年礼仪。女子通常在15岁时举行成年礼，成年礼围绕着围围腰仪式而展开，并且在围围腰的过程中，有男性未婚青年的加入。仪式的过程可长达4~8个月。

第三种类型：巴飘寨的成年礼仪。举行仪式没有严格的年龄限制，而是以月经初潮为准，母亲一旦发现女儿月经初潮，就叫女儿围上早已为她缝制好的围腰，并换上一套新衣服和装物品用

的挎包。如此之后，家庭里的成年礼仪就完成了。此后，当事人还要完成村寨中“绕考俄”对其成年身份的确认，完成村寨层面的成年礼仪。

第四种类型：扎果寨的成年礼。通常女子到16岁，就要举行成年礼，需要自己围上母亲早已准备好的围腰，并穿上成年姑娘穿的新衣服，从而取得社交和恋爱的权利。

自由的婚恋习俗

恋爱三阶段

基诺族的婚恋比较自由，一般举行过“成年礼”后男女青年就取得了恋爱的资格。传统上，基诺族青年的恋爱分为三个阶段：第一阶段基诺语称“巴飘”，即眼睛传情阶段；第二阶段基诺语称“巴宝”，即互赠礼物阶段；第三阶段基诺语称“巴里”，即情人同居阶段。并且，在基诺族社会发展过程中，正如基诺族研究专家杜玉亭所言：“除了丰富多姿的异性爱情外，基诺族还有同性爱情，氏族成员间相恋但不能结婚的爱情，巫师、祭司与

广场上的新式婚礼

‘神女’相爱并举行婚礼后取得神职的神性爱情，以及神性包办婚等。”

婚礼仪式

经过自由恋爱的恋人决定组成一个家庭时，男方的父辈或兄长就会带着酒到女方家为男子求亲，来到女方家为在场的所有人倒满酒，向女方父母求亲。求亲的人连着去三天，如果三天倒的酒都喝完了，就表示女方父母同意这门婚事。自此，男子就可公开住在女方家，帮助生产。在女方家的同居生活短的一年，长的则几年。等选择好日子后，举行正式的婚礼。

婚礼前举行向舅舅送礼的仪式

结婚的日期一般请寨中会择日子的老人选定，婚事大都由男方的舅舅出面，请上证婚人，到女方家商谈婚事，要取得女方父母和舅舅的同意，女方舅舅同意后，才能举行婚礼。

婚礼通常持续三天。结婚前夕，女子有出走的习俗，并由舅舅找回。迎亲队伍到女方家楼梯口要喝拦门酒，喝过拦门酒才允许进入屋内。在迎亲的仪式中，由巫师“莫裴”念祝词，新郎要送给新娘母亲一定的“奶水费”，送给新娘舅舅一些“接人费”。新娘到新郎家楼梯口时，新郎的母亲在此迎接，并将手中准备好的一个鸡蛋放在新娘手中，并为她拴上红线，意为把魂拴住。进门后，莫裴在新郎家举行祭祀，并念诵祭词。祭词念完后，入席

新式婚礼现场

就座，再念诵证婚词。夜晚，由长老和歌手们唱婚俗歌对新婚夫妇进行祝福，并告诫新婚夫妇今后如何生产、生活。最后，还要举行鸡骨卜预测新人婚姻美满与否。第二天清晨，请长老们释梦和求福辟邪，并由莫裴清点新娘的陪嫁物。第三天，新婚夫妇回门到女方娘家。回门时给女方父母带上槟榔、肉、酒等礼物。而在一些村寨，结婚的过程中还有新娘以前的相好向新娘泼脏水的习俗。

上述只是基诺族婚礼的大体情况，事实上在婚礼仪式的举行过程中，各个村寨并不完全相同。

婚姻特征与变化

在婚姻方面，基诺族基本上实行的是一夫一妻制，其传统的婚姻形态有以下几个特征：1. 寨内通婚。各个村寨盛行寨内不同氏族、家族之间联姻，很少与外寨通婚。2. 氏族外婚。婚姻的缔结只能在不同氏族之间，禁止氏族内部通婚。3. 族际通婚比较少见，通常都是本民族之间通婚。4. 婚前同居普遍。在恋爱发展到"巴里"阶段后，男女青年就可同居生活。在同居过程中，生育孩子的情况也比较多，生育的孩子不受歧视。5. 离婚较为自由。结婚后男女双方都有提出离婚的权利，性格不合、丈夫不能体贴妻子、一方有外遇都可能导致离婚。

20世纪50年代以来，基诺族的婚姻发生了许多变化：1. 寨内通婚存在的同时，不同寨子之间通婚的现象增多，并占据了主

知识链接

寨内通婚 一个寨子中不同姓氏或民族的男女之间相互通婚。此种通婚方式在村寨规模比较大，且由不同姓氏组成的寨子比较常见。

族际通婚 即不同民族的男女之间的婚配，是不同民族相互交流、融合的重要途径。

导地位。2. 氏族内部禁止通婚的限制已经松弛。3. 族际通婚增多。20世纪70年代以后基诺族与汉族、傣族、布朗族、哈尼族、拉祜族等通婚的情况逐渐增多，并且一些基诺族姑娘还远嫁四川、河南、广东等省。4. 婚前同居及婚前生育情况曾一度减少。但近些年来，婚前同居现象又逐渐增多。5. 离婚现象也曾一度减少，但20世纪80年代以来，基诺族离婚现象有上升趋势。6. 婚姻观念发生了变化。一是择偶标准呈现多元化；二是婚礼消费逐渐增加，婚礼的时代特色也逐渐增加。

生态的丧葬习俗

每个基诺族村寨都有公共墓地，通常正常死亡的人在下葬的过程中，都要举行一些固定的葬俗。基诺族主要实行土葬，其葬礼包括停尸、滚布、入殓、出殡、安葬、善后事宜等程序。

制作棺木

停尸 这一阶段指人死后到入殓前在家停放的时间，一般为一至两天。这一阶段要举行下列仪式：死者刚断气时家人为其穿上新衣，在其口中放银圆，亲人放声大哭报丧。邻居、亲戚、好友闻声而至，并加入哭丧行列。人死后，其儿子勒死一只小鸡，作为祭品。

滚布 尸体停好后，男性家长死亡，其已经结婚的儿子要进行滚白布的仪式。白布的长度一般相当于普通人的9个等身，在所有滚白布的儿子之中，小儿子滚的白布要最长，二儿子次之，长子最短，这样区别是因为小儿子要养父母。而滚布仪式主要是为考察儿子、儿媳是否对其孝敬，如果所滚的布顺直则表示孝敬，不顺直则表示不孝敬。

入殓 亲友中的长者将死者仰身抬入棺内，理顺死者身躯。死者手握鸡蛋，身旁有死者生前喜爱的生活用品。

出殡及安葬 独木棺越过火塘从阳台抬下直至墓地后，现选

丧葬用品

墓址。墓址由其儿子以抛鸡蛋的形式选择，即鸡蛋抛出后破在哪里，哪里即为墓穴所在。墓穴位置确定后，立即把此地的树枝烂叶扫净，丧礼主持者“尤卡”根据死者脚朝杰卓山、头朝祖先神寨的方位，用竹竿量好墓，用锄头在墓址的四角各挖三锄作为标记。然后，抬灵柩的男子们随即开始用锄头挖墓穴，墓穴长约2米，宽约1米。墓穴挖好后，大家齐动手把灵柩移入其内，然后把棺材打开，让大家与死者见最后一面。盖上棺盖后，来托死者带东西的人，纷纷把他们带来的东西放到墓穴内棺材的四周。接着死者的家属把死者用的竹篾席、被褥等盖在棺材上，先由所有送葬的人，一人捧几抔土，投入墓穴，然后再由几名男子用锄头挖土把墓穴填平，并使其上微微隆起。接着在坟墓之上用从家带来的竹子搭盖坟棚，在坟墓右侧竖起“梭罗”，在坟墓死者头部的位置即坟棚的背面插“中”和衣服，衣服为死者报到时所用，一切就绪后，点燃一封炮仗，炮仗响过送葬的队伍即返回寨子。

知识链接

“梭罗”一种形状似十字的丧葬用品，办丧事时由老年人制作2~3个，上面挂基诺族服装。

“中”是用一棵小型竹子的枝干作为骨架，在其上挂上各色小布条，贴上各种动物形象的剪纸图案而制成的丧葬用品。

善后活动 安葬回来后，“尤卡”需在正厅篾桌上举行一次祭酒仪式，目的在于把死者与生者分开，通过祭酒盟誓，使死者离开家到祖先神寨去生活。入葬后的当晚或第二天晚上，需请莫裴举行“阿买喝”的人神分离仪式，旨在让死者与恶鬼分开。

以上所述是巴亚、巴卡等村寨正常死亡的有子女的男子的葬礼过程。而非正常死亡者如溺死、吊死、客死异地、婴儿未满月夭折等被认为是凶死，只能由其亲友们就地土葬或火葬在墓地附近，不得葬入寨子墓地。并且在不同的寨子，葬礼的程序和内容会有差异。

丰富的节庆习俗

每年基诺族在相对固定的日子都会举行一些活动，来欢度本民族的节日，如打铁节、播种节、祭天节、祭祖节、吃新米节、叫谷魂节、祭寨神节等。在这些节日里举行的活动多是以农事和万物有灵信仰为主，反映了基诺族传统社会的生活方式和宗教观念。近些年来，随着传统生产方式的消失或变迁，传统节日的内容也随之发生了很大改变，并且随着许多现代节日和流行节日的引进，更加丰富了基诺族的节庆文化。

特懋克

“特懋克”为基诺语，傣语称为“里比辞”，基诺语“特”译为汉语即“打”，“懋克”译为汉语即“大的铁”，因此“特懋克”汉语对译为“打铁节”或“盛大的打铁节”。以前并不是所有基诺族人都庆祝特懋克，其主要在阿哈、阿西两个支系中流传。过特懋克的时间顺序一般是父寨、母寨先过，然后儿女寨根据建寨先后和辈分的大小再接着过，依照此规则，等基诺山基诺族阿哈、阿西支系的各个寨子都过了特懋克，大约要用去一个月的时间，故在基诺族的历法当中这个月也就被称为“过年月”。而各个寨子每年过特懋克的时间除了遵循村寨辈分的先后顺序之

特懋克庆祝大会

▲ 祭祀大鼓

打铁 ▶

外，还需由村寨长老根据物候来决定具体的过节时间。1988年1月28日，西双版纳傣族自治州人大常委会做出决定，把基诺族庆祝特懋克的时间规定为每年的2月6日至8日，在此期间，机关、企事业单位工作的基诺族同胞要放假休息。当然，由于每年筹备情况的不同，过特懋克的时间有时会提前几天，如2008年基诺山基诺族乡的特懋克庆祝活动就提前到2月4日举行。一个完整的特懋克通常要庆祝3天，举行祭大鼓、歌舞欢庆、民族体育比赛等活动。

新米节

基诺语称“禾西卓”，意为“吃新米”，在每年公历的9月间举行，具体日子不固定。主要采取一家一户单独庆祝的方式。

陆稻即将灌浆时，由家长选定吉日举行。举行仪式前，全家到自家的三种不同地里摘来谷穗，把谷穗呈圈状放在甑子里蒸熟。再杀七只鸡，把鸡毛、内脏清除后，整个鸡放入锅里煮。鸡煮熟后，抬来竹篾桌放在火塘边，再把蒸熟的谷穗、南瓜花、冬瓜花、葵花、豆子、高粱穗、黄瓜花，以及鸡两只、金银、镯子等放在上面。然后，在家长的主持下，在神台前举行祭祀仪式。仪式结束后，全家人聚在一起共同食用谷穗和各种菜肴，庆祝来年丰收。

准备节日饮食

知识链接 **陆稻** 又称旱稻，原产于云南南部、东南部和西南部的热带亚热带山区。种子发芽时需氧较多，吸水力较强，而需水量较少，在15℃的温度下发芽较水稻快。陆稻的粗根比例较大，根系发达，分布较深。主根上产生均匀的细根，根冠比较高，抗旱性强。

祭祀与占卜

农业生产中的祭祀

基诺族所从事的刀耕火种农业，依据季节的变换依次要展开备耕、选地、号地、砍地、烧地、捡地、整地、盖窝棚、播种、围栅栏、除草、护秋、收获、运粮、归仓等工序，而在此过程中，各种农业祭祀礼仪也随之上演。

首先举行的是备耕仪式，也称为打铁仪式，基诺语称“特懋克”，为全寨性活动。一般在农历正月举行，并且要连续举行三天。第一天，举行剽牛、修寨门、尕拉（凑食物）、尕祝里（辞旧迎新）、祭鼓（跳大鼓舞）等仪式活动；第二天，村寨长老卓巴认命铁匠，铁匠进行修铁房、象征性的打铁活动，并且杀鸡和用南瓜献祭铁匠鬼女，寨民修制工具；第三天，举行歌舞、游戏娱乐活动，晚上在村寨首席长老“卓巴”带领下举行象征性的号地、砍地等备耕仪式等。

祭祀用神台

接着举行砍地仪式。农历正月，在村寨各家各户的轮歇地已经砍了大部分，还剩余一小部分时举行此仪式。此仪式由村寨长老卓巴和卓色同时分别举行。他们在自家阳台上的楼梯口处摆设祭品祭祀鬼神。此仪式举行后3天，各家各户把轮歇地里剩余未砍的部分砍完。在砍这部分地的时候，要在地中平坦的地方插两根树棍，在其上绑“达流”，并在地里种上3窝芋头，3坨姜。对于已经隔了13年才砍的地，则还要杀狗祭祀地鬼。这些仪式举行过后再把地砍完。

砍地仪式后举行烧地仪式，时间一般在农历二至三月。仪式由拥有这块地的人家中年纪最大的男性主持。祭祀时要杀一只狗驱鬼，杀两只鸡祭树神和山神，并用鸡毛抹着狗血和鸡血涂在“达流”上，将“达流”插在地边，然后仪式主持人念一些祈求和祝福的祷词，念完后所有参加的人将狗肉和鸡肉煮熟共同分享之后，大家就开始忙着进行烧地。

在农历三月，地烧好后，要在地旁搭建窝棚，作为播种、看护和收获时休息的场所。盖窝棚前由卓巴、卓色先自家地中举行仪式，然后各家根据自己的情况举行此仪式。盖窝棚立柱时，要在柱洞里面放入铁渣和竹鼠骨头，用来驱邪撵鬼，窝棚盖好后，在窝棚的竹子上绑上涂了鸡血粘了鸡毛的“达流”。

农历三至四月，基诺历的九月，在正式播种前举行播种仪式。仪式由卓巴主持，有的寨子在播种仪式正式开始前，要杀水牛祭祀，并分享牛肉。播种仪式以家庭为单位举行，但要在诸位长老家的山地里先举行此仪式。仪式举行这天早上，卓巴带着一公鸡、一母鸡，银元、姜、芋头、荆芥花和鸡冠花籽等来到地里，对着窝棚插两根树枝在其上绑上“达流”，在树枝栽一根“盐酸木”树根，把装有鸡毛和粗糠的小竹筒放在地上，在地里埋下姜和芋头。然后卓巴再把带来的各种种子撒种一点，接着杀鸡，把鸡血涂抹在“达流”和窝棚上，并在鸡血上粘上鸡毛，接着卓巴开始念祭词。祭词念诵完毕后开始进行播种。

在农历的五月，要举行祭天仪式，基诺族语称“蹉跎”。祭天仪式由卓巴和柯普罗主持，要准备一头白猪、一头黑猪、一只白鸡、一只黑鸡、两个鸡蛋、两包糯米饭和两包肉、四片槟榔叶等作为祭品。祭品准备好后，柯普罗和卓巴抬着竹席和竹篾桌，背着鸡，赶着猪来到寨子打雷的地方，把一米左右长的竹竿破成十多片编成鱼篓样插入土里，并竖立起一根竹竿（有的寨子竹竿竖立在卓巴家房前而不是打雷处），在地上铺上芭蕉叶摆上各种贡品，把鸡和猪杀了后，割下猪头和鸡头吊在竖立的竹竿上。然后卓巴面朝祭品跪在竹席上，向天磕三个响头，接着一边撒米一边开始念祭词。祭词内容多为请天神保佑庄稼取得好收成，保佑人、畜不遭受野兽侵袭，保佑人不被雷击，保佑下河捕鱼、上山打猎能够有好的收获等。

一般在农历六月要举行驱虫仪式。氏族长老或村寨长老选择一个吉日的晚上带领村民点着火把到地里面驱虫禳灾，然后又到村寨中支起火把，全寨人围着篝火唱跳欢歌。

每年农历九月末举行吃新米仪式，庆祝新米节。谷子成熟即将收割时，选择一个吉日，各家各户到地里采集各种农作物，开花的摘花，结果的摘果，无花无果的采茶尖，并掐三种不同地里生长的谷穗各一把，用筒帕背回家后，把谷穗绕个圈圈放在饭甑里蒸熟。另外，还要杀七只整鸡放在锅里煮，分别献给铁匠，巫师莫丕，白腊泡，死去的阿爸、阿妈、男性家长和女性家长每人一只。鸡煮熟后，把竹篾桌摆放在火塘边，然后把蒸熟的谷穗、南瓜尖、冬瓜花、葵花、豆子、高粱穗、黄瓜花和一只公鸡一只母鸡摆放在篾桌上，如果有金银、手镯也都摆放在桌上。然后由男性家长念诵祭词，请祖先、寨神和巫师们来品尝新米，并保佑稻谷丰收。

每年农历十月，当山地里谷子收割、脱粒、归仓之时或者归仓完毕之后，各户都要选择吉日举行叫谷魂仪式。仪式进行这天早晨，男性家长用竹篾鸡笼背着几只鸡来到山地中，采一些野花插在鸡笼上，然后拿出一个竹篾盒子，里面摆放手镯和银币，接着边摇篾盒边念诵祭词：

谷子回来哟，谷子回来哟，谷根留下，谷魂不留，谷壳留下，谷粒不留，谷秆留下，谷灰不留，我背的金谷像僧描果一样闪亮。我用鲜红的公鸡，用树浆那么白的白银，用南瓜那么黄的闪光的金子，来叫你的魂。

祭词念诵完毕，男性家长就背着鸡笼往回走，他在路上不能回头，并且遇到岔路口，要在岔路口放下一束插着鲜花的稻草。回家后，就杀鸡、宰猪，把鸡头、猪头挂在谷仓前献祭谷魂。并在家中用各种新米煮好米饭，做好各种菜肴摆放在桌上，祭献寨神、祖先及各种神灵，献祭完毕，全家人高高兴兴地享用桌上的食物，仪式也就宣告结束了。

狩猎中的祭祀

▲ 猎物的头骨

基诺族把动物分为善、恶、中性三类，而且认为每类动物都有专门的鬼在管理。因此，对于猎杀各类动物，基诺族会有相应的祭祀和禁忌活动。如基诺族认为野牛是善兽之王，不能随便猎杀，像巴卡寨的猎手一般就不敢猎杀野牛，如果猎杀了野牛，他们认为家里人会得病。即使在敢于猎杀野牛的寨子，如果猎获到野牛，必须叫全寨的男子来祭祀后抬回，并同时要敲“七柯”和“布谷”两种竹筒音乐，而野牛头骨则要放在房梁上，每年祭祀；对于其他善类动物，基诺族也有相应的捕杀和食用礼仪及禁忌。而对于恶类动物，如虎、豹、蟒蛇等，基诺族对其一般敬而远之，即使捕获也在寨外分割煮食；而大象这类的属于中性的野兽，基诺族一般不猎杀。

日常生活中的祭祀

祭祀父亲的上新房，基诺语称“左喜达”。一般在每年收完谷子后至年底这段时间举行，请白腊泡占卜择吉日，避开父母及家人的忌日，以及自己的生日和结婚日。上新房的仪式，通常由长子负责举办，其他儿子只能协助。长子举办上新房仪式一般要在父亲死后举行，或死后每九年举办一次，每次都必须打死一头黄牛祭祀父亲。祭祀时要请“莫裴”来主持黄牛给父亲仪式，并念“撵鬼词”。

知识链接 **打黄牛** 基诺族上新房时只能用黄牛作为祭品来祭祀父亲，并且要请巫师嫫丕主持打黄牛祭祀父亲的仪式。

▲

苦子果

家庭祭祖，一般在年节时，各户家长剽牛后拿回来的肉，会选取一点先炒熟，把其献祭给逝去的祖先。通常是从过节的第一天开始，要连续祭祀三天。

占卜与征兆

在基诺族社会中，存在多种预测吉凶的占卜和征兆形式。包括：米卜、梦卜、贝卜、鸡大腿骨卜、鸡爪兆、鸡舌兆、鸡头兆、鸡脑壳兆、兽头骨兆、兽下巴骨兆、结草兆、刻木兆、鸡蛋兆、火笑兆、饭甑子蒸汽兆等。

米卜 占卜时请祭司白腊泡用右手拇指、中指、食指从问卜者衣服包或碗装的米中捏出一撮米，然后放在左手心数单双数，右手捏米数米数量的同时，念词问病因，每个病因问三次，如果三次询问时，捏到的米都为双数，即确定病因就如此，白腊泡就告诉占卜者病因，让其回家做相应的祭祀。

梦卜 通常在特懋克前一天晚上或铁匠、嫫丕与女鬼举行婚礼前一天晚上，请白腊泡做梦来预测未来的吉凶。

贝卜 由白腊泡负责举行，其方法是：白腊泡把贝壳立在竹杯的边上或者自己的指甲上来预测问卜者的病因，每问一次病因立三次贝壳，如果贝壳三次都站立成功，即可确定病因，白腊泡就能随即

◀ 达辽、鸡毛、葫芦等仪式用品

告诉当事人消解祭祀方法。

鸡大腿骨卜 基诺族在猎获大的野兽后以及上新房时进行的一种占卜。占卜的方法通常是在巫师嫫丕和长老的主持下，在煮熟的鸡大腿骨的缝隙上插竹签，竹签顺直为吉，斜陡为不吉。上新房时，占卜所用的鸡大腿骨是从活鸡上扭出来的。女人和还没有打过黄牛上过新房的家长是不能进行鸡大腿占卜的。

野兽头骨兆 当狩猎打到麂子以上的大型野兽时，在午夜吃过兽头汤之后，要把兽头骨捆好悬挂在火塘上方的竹架上进行占卜。占卜时，家长用手将兽头按顺时针方向转动，如果野兽头骨停下后面向家长的房间就为吉兆，表明还将继续猎获野兽；野兽头骨停下后面向门外，则是说明别人家将猎到野兽；野兽头骨停住后面向家长房间的斜对门则不吉，说明不能打到野兽。

野兽下巴骨兆 在吃完野猪、熊、马鹿的头肉后，要用其下巴骨进行占卜。占卜时，在下巴骨上插竹签。如果骨头上有洞但竹签只能斜斜平平地插进去，为不吉，说明接下来将打不到猎物；如果竹签从牙齿方向插向头部为吉兆，表明能够连续捕获猎物；如果骨头上没有洞，竹签插不进去，也为吉兆，同样表明可以连续打到猎物。

结草兆 主要用于预测打猎。用一把长约50厘米的茅草，左手抓住草根部，右手把草尖的茅草互相结成疙瘩，草尖结成疙瘩后，再用右手在草根根部打结，待草尖、草根部的结都打完，放下后如果有一个草圈脱离则为不吉，猎不到野兽；如果所有的草都结成连环则为吉，表明将会打到野兽。

刻木兆 在山上狩猎时，砍下一米多的小树棍，然后任意在树枝的两边用刀砍刻口，先砍的一方代表神，后砍的一方代表人，然后数数看吉凶。

滚鸡蛋兆 用来预测病情凶吉。做法是由病人家交一个新鲜生鸡蛋给巫师，由他把蛋放在病人身上滚，之后打开鸡蛋看蛋黄里面有无“十”字形，如果有则表示病情危重。

鸡蛋兆 多用于询问放病的是何种鬼。方法是，问卜者拿着一枚鸡蛋到巫师家，巫师将鸡蛋放在自己右手掌中，口中呼喊各种鬼神的名号，每个鬼的名号叫三遍，如果念到某个鬼的名号，鸡蛋立起来，说明病人就是被此鬼缠住，问卦者返回家后，就做相应的祭祀。

火笑兆　基诺族还用火塘中的火对来访的客人进行预测，在火塘烧火时，火苗发出呼呼的声响，并指向火塘外，是有客人来的征兆。如果发出响声的火苗是从长的柴火上升起的，表明要么是客人从远方来，要么客人很晚才会到；如果发出响声的火苗是从短的柴火上升起的，就表明要么客人是从近的地方来，或者客人很快就会到来。

饭甑子蒸气兆　基诺山亚诺等寨子举行吃新米仪式时，家长率领家庭成员到最先播种的一块山地里面采集新谷、瓜、豆、花等，把新谷舂成米后与其他采集来的食物一起放在饭甑子里面蒸，然后观察饭甑子里冒出的蒸气，如果甑子里面的汽先从家长居室对面接班人的方向冒出，为吉兆，象征谷类丰收；蒸汽先从摆放野兽头骨的房间那边冒出，为吉兆，表明狩猎将会有好的收获；蒸气从家长卧室右边的门那边冒出，为不吉，象征灾多祭祀鬼神的事多；蒸气先从摆放野兽头骨房间对面卓巴放大鼓的地方冒出，为不吉，象征人多病，死的人多于以往。

认基诺族30周年暨

第六章
基诺族的艺术生活

基诺族的艺术源于现实生活，贴近现实生活，更服务于现实生活。在山野中，基诺族的歌声、舞姿与自然相融；基诺族的音乐向大自然倾诉着人们的喜怒哀乐；基诺族的口传文学记录了人们与大自然互动的历程；基诺族的编织是人们善用大自然恩赐的表现；基诺族的美术是人们对大自然怀着敬畏之心的反映。

▲

文艺汇演

回荡在山箐的悠扬歌声

歌曲是对现实生活的反映与畅想。基诺族在日常的刀耕火种、采集狩猎生产、生活过程中创造了丰富多彩的歌谣和曲调。依据基诺族民间对这些歌曲的称谓，结合演唱的场合、形式或作用以及歌曲的内容，可以把基诺族的民间歌曲分为创世歌、礼仪歌、生产歌、情歌、祝酒歌、儿歌、摇篮曲等。

▲

演唱民歌

创世歌

在基诺族老年人中流传着关于基诺族起源的创世古歌。如巴亚寨流传有《开天辟地》。其歌词大意如下：

创世母亲造的天，
创世母亲造的地。
地上所有的大平坝子被创世母亲造好了；
像澜沧江一样的大河被创世母亲造好了；

白色的九座大石岩被创世母亲造好了；

黑色的大石岩被创世母亲造好了……

礼仪歌

这类歌曲在祭祀、庆典、婚丧等场合唱诵。包括祭祀歌、寨理歌、寨际礼仪歌、习俗歌等。

祭祀歌 此类歌曲与宗教活动密切相关。其代表性的歌曲有过特懋克时唱的《祭祀铁匠神》《祭鼓歌》等。每年过“特懋克”时，各个村寨都要在长老的主持下祭祀村寨神器——大鼓。祭祀大鼓时长老唱诵的祭词，即为祭鼓歌。首先是首席长老唱祭词，接着为第二长老祭唱。祭祀歌还包括刀耕火种农业生产过程中各种祭祀活动举行时的唱词。

▲

古歌演唱

寨理歌 《普遮之》，也称为《卜者子》，“普”即寨，根根；“遮”即种，一个氏族的人；“之”即合，汇集，“普遮之”即是山寨礼俗的汇集，其实就是基诺族一些传统知识的汇集。《普遮之》通常在过节的第一天下午饭前念唱，其内容包括寨子长老如何看节令选择过节的时间，讲述了特懋克的来历，以及过特懋克的各种礼俗；铁匠如何准备用具和打铁，讲的是打铁用具及打铁的系统知识；长老如何带领大家备耕，是对山地农业仪式的具体描述。长的《普遮之》可达数万言，需要唱一个通宵，通常情况下也要唱约三个小时。

寨际礼仪歌 《三鲊》，又称为“三鲊要果”，其为过特懋克时念唱的寨子与寨子之间的礼仪歌，一般是过特懋克寨子的长老与外寨来宾以对唱的形式表现。其内容一般包括四个部分，第一部分由过特懋克的寨子的长老简要叙述基诺人的历史，以及特懋克的准备等内容。第二部分是主人表达盛情款待之情，客人表达感激之情。第三部分是主人询问客人来访的途中是否顺畅，本寨子是否清洁、干净，宴会酒席是否丰盛，以及希望有招待不周的地方请谅解等，客人则一一作答。彼此间表达了团结友好之情。第四部分是主人请客人赐予寨子祝福，客人向主人赐福，并共同为基诺人祝福等。

习俗歌 包括过年调、贺新房调、婚礼调、丧事调等。演唱形式有独唱（只限于丧事调）、齐唱、领唱加伴唱（常伴随着一平行四度曲调）三种。

生产歌或劳动歌

基诺族男子喜爱狩猎，猎获后回寨子的路上要唱歌以示庆贺，演唱时多敲击具有不同音高的竹筒为伴奏，此类歌曲称为“竹筒调”。此外，还有以再现狩猎生活情趣的《扣子勒小鸟》《下竹筒扣》等歌曲。

情歌

情歌是基诺族歌谣中最为丰富的部分，基诺语称其为“巴格勒”，“巴”意思为情、爱，“格勒”意思为歌、曲调。可以唱情歌的人年龄跨度很大，按惯例成年礼后就有资格唱情歌，直至中年、老年，情歌始终是人们最喜爱的文学形式。由于情歌的内容丰富，涉及不同的年龄层和不同的情爱对象，也就产生了以下不同的情歌分支：

“巴洒”或“巴舍”——赞美思念恋人的情歌；

“巴勒”——强烈追求对方时所唱的情歌；

“巴飘绍”——相思性情歌；

“巴也”——对变心恋人的比喻性嘲讽情歌；

“巴交”或“巴扑”——与已婚旧情人间唱的情歌；

“巴什”——氏族内恋人间唱的情歌；

“巴肖交”或“交斯巴格勒”——失去恋人时所唱的情歌。

祝酒歌

唱祝酒歌

在喜宴上、节庆聚会等场合演唱的祝酒歌，增加欢乐的气氛。如最近这些年流行的《机布得》，基诺语中酒称为“机布”，“得”意为“喝”，“机布得”直译就是“喝酒”。如一首简单的祝酒歌：

杰拍得，杰拍得。
杰拍杰木例得。
玛车啰，杰拍得。
杰拍杰不例得。
歌词大意为：
喝一杯，喝一杯。
喝啊喝一杯。
朋友来了，
喝一杯。
喝啊喝一杯。

儿歌与摇篮曲

儿歌　基诺语称“佐交交么”，意思为“小孩子玩耍时唱的歌”，是少儿们唱的短歌，其形式多样、内容广泛，且富于天真奇想。如《大家都到玩场去》《背着也要吃奶》《我想吃上寨的小香瓜》等。儿歌《大家都到玩场去》唱道：

寨中玩场多宽敞，
大家快到玩场上，
基诺人知心的朋友聚一起，
要把机密的事来做，
要找知心的人来商量。
“拖搓”的坟墓上，大家来跺脚
食人的鬼
献你三包三片腌酸的肉
叫你永世不复生
“切收”奶奶给你一枝驱鬼的板蓝根。

古歌传承

摇篮曲　也称哄娃娃调，基诺语称“厄勒勒竹”。主要是为婴儿唱的短歌。演唱者为婴儿的母亲、祖母、父亲和八岁以上的少儿。多在哄孩子入睡时咏唱，也有父母远出时嘱咐在家孩子时唱的。歌词内容多为夸奖孩子听话、长得漂亮等，也有的歌词内容是告诉孩子父母去干什么，给孩子带来了什么，给孩子吃什么等。由于基诺族摇篮曲的独特性，2005年基诺族摇篮曲已经成为西双版纳傣族自治州第一批州级非物质文化遗产项目。

以大鼓为中心的舞蹈

基诺族的舞蹈主要分为习俗性舞蹈和娱乐性舞蹈两种类型。习俗性舞蹈主要包括：大鼓舞、贺新房舞、丧葬舞、祭祖舞等。娱乐性舞蹈主要包括：儿童舞蹈、姑娘舞、跳笙等。

习俗性舞蹈

大鼓舞 基诺语称“厄扯锅”或“司土锅”。“厄扯”为衬词，“司土”即吊鼓，“锅”即跳。据说大鼓舞的起源与人们感谢阿嫫腰白创造天地，把基诺族人带到世间有关。在以前，大鼓舞只在三种场合跳，即过特懋克时、祭司白腊泡祭祀“苕洛蒙嫫”时和卓巴或卓色盖新房时。

跳大鼓舞时，击大鼓背面一人，击铓锣一人，击镲一人，鼓前面边舞边击一人，旁边伴唱助兴者（边舞边唱）若干人。跳大

大鼓舞表演

知识链接 国家级非物质文化遗产名录，是经中华人民共和国国务院批准，由文化部确定并公布的非物质文化遗产名录。自2006年5月公布第一批国家级非物质文化遗产名录以来，至2011年6月，已先后公布了三批国家级非物质文化遗产名录。目前基诺族有一项国家级非物质文化遗产项目，即基诺族大鼓舞。

大鼓舞表演

鼓舞时伴唱的歌词有《厄扯锅》《乌攸壳》《特模阿咪》等。《厄扯锅》流行于巴卡、巴亚一带。节奏欢快，边唱边喊。《乌攸壳》流行于巴朵一带。一般由一个人演唱，演唱者表情严肃，旋律似喊似唱，速度自由。《特模阿咪》流行于巴洒、巴朵一带。早期只有父寨、母寨可以演唱，儿孙寨不能演唱。演唱时，以男女对唱为主，节奏舒缓，唱一拍敲一下铓锣。演唱也是一个人领唱、众人附和的形式，领唱者唱歌词的主要部分，众人合和衬词。曲调高亢欢快，震人心扉。

随着社会的变迁，大鼓从山寨神器逐渐演变成了民族文化的象征和歌舞娱乐道具。大鼓舞的功能逐渐由沟通人神转变为娱乐项目，跳大鼓舞的时间和场合也没有了严格限制。由于内容的丰富性和代表性都比较突出，2006年5月基诺族大鼓舞被收录在第一批国家级非物质文化遗产名录中。

贺新房舞 基诺语称“刹锅克”或“沙切高”，是在举行上新房仪式时以领唱合唱为主的歌舞。上新房舞流行于基诺山各个村寨，上新房的时间多在旱季便于伐木割草建房的月份，活动一天，贺新房舞是其主要内

正在制作的大鼓

知识链接 **篾巴** 通常是指用竹篾编织的席子，用来覆盖在干栏式楼房二楼的楼板上。

容。跳舞的地点通常在新房的火塘边。舞时由领头者带领众人手拉手围成圈，同时圆圈留个缺口以便让后来者随时参加，另外还有两个领唱者，一名领唱者坐在灯下，一名领唱者在舞者中间。舞蹈开始后，伴着脚踏新楼篾巴的声音，歌曲也开始了，坐着的领唱者先领唱一句，舞者中领唱者重复前者的歌词，然后众人接着重复这句歌词。边歌、边舞、边饮，通宵达旦。在过去进行的贺新房舞的活动中，有人专门维持秩序，人们可怀旧与旧情人接触，这时夫妻间互不干涉，但离开这个场所又另当别论了。

丧葬舞 此种舞蹈有多种类型，主要流行于勐旺乡补远村和基诺山巴卡一带。流行于勐旺乡补远村的有“司门”（意为“安息”）、“司秋”（意为“安葬”）、“阿莫松铁祭”（意为“今晚要跳鬼”）；流行于基诺山巴卡村一带的有“打克锅”（意为“跳竹片”）和“托跻卡”（意为“敲春米棒”）。

《安息舞》为死去的年轻姑娘所跳的舞，舞蹈者也全为女性。跳舞的场所为死者家房前的平地上，时间通常为人死的当天晚上，舞蹈时年轻的女子手拉着手面对面围成圆圈，顺时针移动，边唱边舞，无乐器伴奏。

铓锣和镲伴奏

《安葬舞》在老年人丧葬期间跳，尸体停放的每个晚上都要跳。跳舞时男女都可参加，且人数没有限制。参加跳舞的人手拉手面对面围成圈，边唱边舞，不时变换动作。

《驱鬼舞》（阿莫松铁祭）在村寨氏族长老去世时跳，跳舞的时间为死者停放在家没有安葬的每个晚上。跳这个舞蹈时，有三名领舞的男性，他们面戴笋叶壳做的面具，穿着妇女的服装，小腿绑上白色裹脚布，手握铓锣与伴舞者站成三角形，伴舞者双手持竹筒面对面而舞，同时有歌伴唱，有铓锣伴奏。

“跳竹片”或《竹片舞》为男性所跳的舞蹈，村寨中成年人死后，尸体停放好后，舞者在死者家跳。参加舞蹈的人通常为4个，3个伴奏者坐成三角形，每人手执一宽竹片击地伴奏，舞者合拢双脚原地跳一下，接着向前跳两下之后，越竹一跃而过，如此周而复始而舞。

舞蹈表演

《敲舂米棒舞》由村寨中的男子在老人死的时候跳。跳之前要在死者家的楼梯下钉一根木桩，木桩两边各摆放一根舂米棒，下放木杆或竹竿于两头，伴奏者蹲在木棒两头，持棒相碰，舞者以此节奏而舞。舞者立于木棒之间双手抱着木桩，单脚轮换伸向棒击间隙点跳，跳时不让脚与木棒相碰。由此种舞蹈后来演变出了《竹竿舞》。

迎接新年仪式——尕祝里

祭祖舞　流传于基诺山巴朵寨，有大“遮克追”和小“遮克追”两种，遮克追意为“围着竹竿大步跳”。

大“遮克追”在祭祀祖先的人家楼梯前跳，跳之前在祭祖的人家楼梯前栽两根两米左右的竹竿作支柱，每根竹竿顶端分别套上野花扎成的花篮。两根支柱间用上中下三根横杠相连，上面一根横杠平行的位置再加一根作为平台，平台中间放一间用泡树心做成的代表祖先灵魂居所的小房子。舞蹈开始后，两个舞者面对面双手扶着中间那个横杠，双脚并拢围着支架向前跺跳三圈，最后舞者回到出发的位置舞蹈就结束。舞蹈结束时，舞者走向举行祭祖活动的阳台发出“哦……哦……”的喊声，众人应和之后举行其他仪式。

小“遮克追”由11名舞者参与表演，其中一人手持大刀向两边砍，一人手持斧头劈向两边，一人手持锄头向前面挖，六人分别扮演猪、牛、羊、鸡、狗、鸭等动物弯腰跟随在后面行走，还有两位老人把脸抹黑装扮成叫花子，他们一人背竹箩，一人提肉串在舞者中间穿插嬉戏。全体舞者围着事先搭好的支架漫步三圈，在走的过程中动作自由，接近生活。全程无音乐伴奏。

娱乐性舞蹈

儿童舞　基诺语称“左交交么”，跳此种舞蹈者多为5~12岁的儿童，舞蹈形式多种多样，有围圆圈跳、排行跳、钩脚单腿跳、拉手跺脚跳等。这类舞蹈舞姿活泼大方，大多是载歌载舞，通常没有伴奏。此类舞蹈的代表有《布机腊腰么拉》（《那是星星吗》）、《斯诺罗色》（《进和退》）、《雀罗起戈雀罗》（《小鸟笼子》）、《阿机作车》（《搭脚跳》）、《阿的得阿莫》（《玩场多宽广》）、《的比的必》（《比高比矮》）等。

参加舞蹈表演的儿童

姑娘舞 基诺语称“竹骨能”，为年轻女性集体舞，参加人数不限。跳舞的场所为村寨中的玩场上。舞蹈时，舞者双手搭肩，围成圆圈进行，屈膝扭臀，半蹲脚跟右碾，逆时针方向行进。

跳笙 舞蹈时唱词全用汉语，故人们通常认为此种舞蹈是由外传入。常跳的有对脚笙、插花笙、合脚笙、羊打架等。此类舞蹈在结婚、节庆、亲友相聚等场合都可见到，男女老少均可参加。舞蹈时，有三弦伴奏，有简单的队形变化，舞步多样，并不时变化。

竹木奏出的和谐之音

大鼓

大鼓，基诺语称“司吐”或“司通”，一般选用椿木、埋索木、红毛树、苦果树等质地细腻、不易炸裂和变形的木料，把树砍倒后选取树干的中部，凿空让其自然风干后修治而成。各个村寨的木鼓大小不一。通常情况下，鼓面直径60~80厘米，鼓身呈直筒状，鼓身长1.3~1.5米。鼓腔壁厚3~4厘米，鼓腔外壁向上一面

长老和大鼓

儿童表演用鼓

抢鼓表演

两端各凿有一个鼓耳，一般用竹篾编绳穿在其上，把鼓悬挂在木杠上。鼓身两端的鼓面用黄牛皮蒙制。在制作鼓面、固定牛皮时，要用长约30厘米上方下锥的木钉，所用木钉沿鼓身两端外壁把牛皮钉牢后，约有20厘米露在外面，呈放射状环绕在鼓身两端外壁，从鼓面方向看去，大鼓犹如放射着光芒的太阳，故有人把基诺族大鼓形象地称为“太阳鼓”。

“七柯”和“布谷”

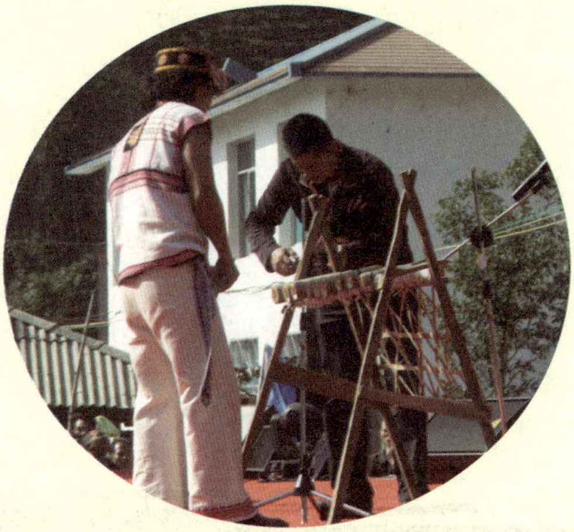

◀ 准备演奏“七柯”

“七柯”和“布谷”为敲击乐器，都由七个竹筒组成，“七柯”较“布谷”稍小。七个竹筒由低音到高音，基诺语分别称为：“崔嫫”“交豁罗”“崔遭捞”“纽给列”“格勒格列”“格勒得”“优优”。在一些寨子还把七个竹筒分别以村寨七老的称谓来命名。在制作时候，选用同一棵大小合适的毛竹或甜竹制作。一般先制作高音竹筒，依次到低音竹筒。传统上，“七柯”在狩猎到麂子及其他小型动物时敲击，而“布谷”则在猎获比麂子大的动物如马鹿、大野猪时敲击，而在猎获野牛时，则是要“七柯”和“布谷”一起敲。因此，往往根据敲竹筒的声音，远处的人们就能猜到猎手捕获的是什么动物。

“七柯”和“布谷”▼

泡竹或甜竹制作的乐器

“别土鲁” “别土鲁”为吹奏管乐，一般用泡竹或甜竹制作而成，管身中间以自然竹节分隔，分为上下两部分，上短下长。上段为吹嘴部分，下段为按音管部分，在靠近竹节处的上部分和下部分各开一个小孔，两孔之间挖一通气小槽，并用蜂蜡贴在上孔处调整气流发音。下段开两个发音孔，音域三个八度，常用音区13度。“别土鲁”吹奏的时间为秋收季节，在家里、野外都可吹奏，遇丧事忌吹，多为男性表达爱情时吹奏，具有代人说话的功能。

竹制乐器 ▶

知识链接

甜竹 产于云南思茅、西双版纳等地，竿直立或倾斜，高12~18米，直径9~13厘米。笋可以炒、煮、烤方式食用；竹可供建筑、编织、造纸等。

发音簧 乐器里用金属或其他材料制成的发声薄片。在基诺族竹制乐器中，发音簧通常都用竹子制成。

“别拖” 别拖又称“别拖梅缺列”，“别”泛指吹管乐器，“拖”指通的竹管，“梅缺列”意为“吹嘴有夹片”。为竖吹管乐，一般用泡竹或甜竹制作。制作时选用一根无节两头敞开的竹子，把根部敞口处削成一个斜面，然后在管身上制作发音簧，并开两个发音孔。音域三个八度，常用音区13度，音色响亮柔和。别托为男性吹奏情歌时使用。常用技法有吐音、连音、长音、滑音和颤音等。

“哟者” “哟者”意为“传来的好乐器”。流行于基诺山巴卡老寨、新寨和小寨一带，选用泡竹或甜竹制作而成。在制作时选用一根较长且无竹节的竹子，两头通气，并削成平面，以接近根部的一头作为吹口，在吹口处挖一个U形缺口，作为进气发音之用。从管身的二分之一处往下，每隔一个拇指的距离依此开四个发音孔。竖吹，吹奏时嘴唇把竹管口盖严，留U形吹气孔吹奏。哟者为男性专用乐器。

“别别” 吹奏管乐，用比较细小的泡竹制作而成。制作时吹口一端留节，下端敞口，在离吹口20多厘米处开一个约管身三分之一深的斜口，斜口面向出口一端。在所开斜口处挑出长形簧片，吹奏时，气流挤压振动薄薄的簧片而发音。正对簧片往下约两指宽的管身上开一个音孔，然后依次向下每隔一个食指宽开一个音孔，共开五个音孔。“别别”男女皆可吹奏，男女之间可把其作为礼品相互赠送，表达爱意。

吹奏“别别”

其他乐器

“憋别搓咧咧” 一种簧振套管竹乐器。“憋”为状声词，“别”泛指竹管乐器，“搓”意为剖开，“咧咧”为状声词竖吹管乐。用细小的泡竹制作而成。在制作时下端敞口处要制成撕裂状，吹奏时气流振动管身带动撕裂的竹片发出颤音。在田间地头、寨子内外都可吹奏，秋收季节比较盛行，吹奏者多为女青年。“憋别搓咧咧”还可用作爱情信物，相互赠送。

吹奏“憋别搓咧咧”

知识链接 **泡竹** 产于云南两广等地，生于海拔200~1200米之间的山坡和丘陵地带，竹竿散生，高5~10米，直径2厘米左右。竹竿劈篾后，可以用于编织，竹筒可用于制作竹筒饭。

“师别” 亦称“提别”“聂别”，为边棱音横吹竹管乐器。“师”意为“死”“去世”等，“别”是吹管乐器的泛称。用泡竹或筒子较长的白皮竹等竹节长的竹子制成。制作时一端留节子，一端敞口，在节子的旁边开一个吹气孔，管身上没有

制作"师别"

任何按音孔。通常只是在送葬的时候制作吹奏，可以在从守灵到安葬这段时间的任何场合吹。送葬时，用长短两个师别采用筒音转调，合奏《送葬歌》。师别只限于对60岁以上的死者使用，除此之外的其他时间和场合都忌用，否则将视为不吉利。这种乐器使用的时候现场制作，等死者安葬完毕，就插在死者墓上，不带回家。

除了这些基诺族独有的乐器之外，基诺族还有三弦、铓锣、镲等从外引进的乐器，在一些歌舞中与其他乐器配合使用。

知识链接 **镲** 用黄铜或铁制作的金属乐器，由两个圆形的铜片或铁片互相撞击发声，演奏时通常与锣、鼓一起使用。

三弦

无文字的社会记忆

基诺族没有本民族文字，日常记事通过刻木、刻竹的方式来进行。所以，传统上基诺族没有成文的历史文献和书面文学，基诺族的历史、文化等内容都是通过口传来传承。基诺族口传的民间文学在基诺族传统社会中具有重要作用。

神话传说

基诺族的神话出现是以万物有灵的观念为基础的。基诺族认为世间万物都由鬼神支配主宰。而对于世界是从哪里来的，天地万物是怎么产生的，人是从哪里来的等一系列问题，基诺族创造了神话来进行解答。因此，基诺族的神话主要有创始神话《阿嫫腰白》、始祖神话《玛黑玛纽》等。《阿嫫腰白》讲述了阿嫫腰白创造天地万物及在洪荒过后保留人种的经过；《玛黑玛纽》则讲述了基诺族始祖是如何产生和生存下来的故事。

基诺族的传说内容丰富，主要有反映氏族婚姻家庭的传说，《巴什》《阿枯幽》和《巴别——嫁姑娘寨》等；反映基诺族与傣族关系的传说，如《扫基与召片领》；反映食人者——“特缺”的传说，如《特缺的压木》《你为什么不打着火把来》《舅舅阿德》等；反映基诺族服饰来源的传说，如《月亮花》《尖尖帽》等；反映文化习俗的传说，如《献树神的传说》《上新房的由来》等；反映村寨历史的传说，如《火烧寨的来历》《巴亚——掌权寨》《巴朵寨的传说》等；反映农业生产和饲养牲畜的传说，如《谷种的来历》《人吃饭、牛吃草的来历》等。

▲

在大鼓上悬挂“达辽”

知识链接 **火烧寨** 是指基诺山的普米寨。据说这个寨子是人们为了寻找能降伏龙王的宝刀而放火烧了的寨子，在找到宝刀后人们又在此兴建寨子，这个寨子就被称为火烧寨。

叙事长诗

基诺族没有形成系统的民族史诗。但有约1 000多行的叙事长诗《贝壳歌》。其既是诗，也是歌，故又称《巴什》情歌。在基诺语中“巴”意为爱情，“什”意为“同氏族”，巴什就是“同氏族的爱情”之意。在不同的村寨，此类长诗在具体内容上有所差别，但叙述的内容在整体上大体一致，反映的都是氏族内青梅竹马的恋人的恋爱经过与结局等。

民间故事

基诺族的民间故事以现实生活为土壤，反映了人们在现实生活中的机遇、希望和想象，为人们了解基诺族的多彩生活提供了丰富的资料。基诺族的民间故事包括机智人物故事、神奇故事、动物故事、植物故事等类型。由于基诺族称机智人物为“阿推”，故机智人物故事也称“阿推”的故事，此类故事通过故事情节展现基诺族的机智人物是如何凭借智慧戏弄头人、压迫者以及其他人的，如《山官捉竹鼠》《砍不倒的芭蕉花》《汉官的马帮》等。神奇故事则是以丰富的想象，借助神奇的力量来展现和实现人们的希望和愿望，如《宝刀和竹笛》《沙切与蛇郎》《宝葫

乘拖拉机外出的人们途中小憩

芦》等。动植物故事则是基诺族通过寓言的形式来反映生活中的哲理，如《青蛙断案》《豹子和马鹿交朋友》《鸡嗉子果树为什么是弯的》等等。

知识链接 **马帮** 按约定俗成的方式组织起来的一群赶马人及他们所管理的骡马运输队伍的称呼。作为一种特殊的交通运输方式，主要活跃在云南及周边地区。

谚语与谜语

基诺族的谚语简练通俗，含义深刻，被广泛使用于各种口碑文学当中，虽然基诺族的谚语数量相对较少，仅有400多条，但是其内容比较丰富，包括基诺族对真理（如弩箭射不落太阳，刀枪打不垮真理）、婚恋（如口渴不怕河深，爱情不怕路远）、宗教（如神从水出，人从鼓出）、自然现象（如晴天看山清，雨天雾蒙蒙）、劳动（如一路纺线一路走，半年衣服不用愁）等事象的认知。从中可以领略到基诺族的智慧、处世之道、风俗习惯、生产生活的变迁等。

基诺族的谜语是人们日常生活实践中的经验总结和智慧结晶，其对儿童的教育发挥着独特的作用。主要包括反映自然现象、动物、植物、生活用品和生产工具等方面的内容。通常借助比喻、夸张、拟人等修辞手法来描述，显得形象生动，而且有趣。

如反映自然方面的谜语：

老奶奶，起得早；背着棉花满山跑。（雾）

反映生活用品的谜语：

我家有个老妈妈，背着细柴爬篱笆。（筷子）

反映植物的谜语：

杀了一个刺猪，却流出了蜂蜜。（菠萝）

▲ 雾中的村寨

竹·草·藤的编织

编织在基诺族的生产生活中占有非常重要的地位，如《结婚歌》《上新房》等民歌当中都清楚地描述了编织在生产生活中的重要作用。基诺族的编织在现实生活中应用广泛，历史悠久，依据使用的材料，可以分为竹编、草编、藤编三种。

竹编

一般由男子完成，使用的竹子就地取材，把砍回来的竹子破成片，再把竹片削成竹篾，将竹篾放在火塘上用烟熏，增强竹篾的韧性和硬度后开始编织。竹编制品有：背水用的“箩托”，背谷子用的“错卡”，背茶叶用的背箩，装衣服、被褥等物品用的“卡懋”，盛米用的箩箩，以及竹篮、刀鞘、烟盒、碗罩、篾桌、

竹编

篾凳、簸箕、筛子、席子等等，还有祭祀用的祭天柱、“达辽”、家禽、鸟类、祭台等。

草编

根据使用的材料可以分为：稻草编、芦苇秆编、叶编。稻草编制品主要有凳子（基诺语称“多遮”），编织凳子时，先将稻草理顺，然后像编辫子一样编成长条，再绕成圆形制成。芦苇秆编织的物品有女人出嫁的头饰（基诺语称“层搓”）、小昆虫、小动物等。叶编主要以扫把苗叶为材料，编织品有燕尾状信物，通常是恋爱中的男子用于表达希望移情别恋的女子回心转意的意思。

竹背篓

扎扫把

知识链接 **藤条** 也称藤篾，是一种质地坚韧、身条极长的藤本植物。藤条手感平滑，弹性较好，可用于编织藤椅、藤箱等用具，美观而耐用。但是在基诺族社会中，有少数藤条如血藤是禁止砍伐的。

藤编

材料为山上一些韧性比较好的藤条，大多用于固定和收紧簸箕、筛子、卡懋、背箩的边框。也有藤篾桌、藤篾凳、藤篾茶具等制品。

藤篾编织的凳子和桌子

简约神秘的美术作品

木雕

基诺族雕刻所用材料通常为竹子和木头，雕刻物品主要有神龛、棺木、耳环（女子戴的用木头，男子戴的用竹子）、木鼓、

房檐下有木刻的家屋

烟斗，以及生活用具甑、碗、勺等。常用的图案是上半部分刻房子，下半部分刻流水。另外，基诺族男子还把各种花形刻在镰刀把上送给女子，表示爱慕之情。在基诺族住房的门框和门楣上用刀刻或凿出刺绣图案，以此来显示房屋主人的地位。

泥塑

基诺族的泥塑主要用于祭祀，形象有人、马、猪、鸡、牛、羊、蛇、螃蟹等。泥塑采用的原料为红黑天然泥土，泥土合水拌匀，除去杂质，敲打成又黏又软的泥团，然后用手把泥团一次捏成需要的形象，通常不加雕刻。平时小孩儿在外捏了玩的泥塑不能带回家，否则认为带来不吉。村寨重大祭祀活动所用的泥塑通常由每户出一个人来一起完成。日常家庭祭祀所用的泥塑由祭祀家庭自己制成，并且祭祀所用的泥塑要与其他祭品一起放在村外固定的地方任其毁烂。

剪竹笋壳

基诺族用竹笋壳剪制面具、小人、小孩游戏时的战书等。用竹笋壳剪成的面具主要用于祭祀、全寨撵鬼和人死撵家鬼等活动。制作竹笋壳面具时，把笋壳剪成动物形象的面具，然后再用血、炭灰、石灰勾画，使其形象栩栩如生。全寨撵鬼时，多人把

制作竹笋壳面具

面具戴在脸上，从寨内向寨外做撵鬼动作，活动结束把面具丢在寨外；家庭中有家长去世撵家鬼时，在出殡前由两个人戴面具把家鬼撵出家，所用面具拿到坟地烧掉；村寨中长老卓巴或卓色去世时，撵鬼用的面具则挂在死者坟墓的小房子上。

竹笋壳剪的小人在小孩子取名时用，取名仪式结束后与达辽、棕叶一起挂在上楼梯处的篾笆上。小孩游戏时的战书是在笋壳上画圆圈、弓弩、弹弓等图案。

▲

竹笋壳面具

知识链接 **撵鬼** 就是把鬼赶走的意思，“撵”为云南方言，有追赶、赶走的意思。

第七章
基诺族与普洱茶

昔从武侯出汉巴，伤心丢落在天涯；
于今不管干戈事，攸乐山中只种茶。

——姚荷生《龙江打油诗》

悠久的种茶历史

种茶传说

关于基诺族茶叶的来源主要有三种记载：

其一，创始神话《阿嫫腰白》中叙述称：

阿嫫腰白造天地以后，把人们分成汉族、傣族和基诺族。她把这几个民族叫拢来分天分地，基诺族住得远，没有去，大家等了他们七天七夜，还是不见他们来。阿嫫腰白亲自去请，但基诺族胆子小，左说右说还是不肯去。阿嫫腰白生气了，转过头就往回走，走到孔明山的时候，她心肠一软，想到基诺族不去分天分地，以后生活会苦的，就站在孔明山上，抓了一把茶籽，向后一撒，撒在曼卡（巴卡）和龙帕寨（亚诺）的土地上，从此，曼卡和龙帕两个寨子的茶叶特别多。

其二，在始祖神话《玛黑与玛纽》当中有关于基诺族发现茶叶的叙述：

传说阿嫫腰白创造天地万物之后，又创造了七个太阳，七个太阳同时直射大地，七天之后把大地晒得冒火，植物都被晒死了，野果子也全没了，剩下的人吃其他动物，其他动物也吃人，

茶花

世界一片混乱，阿嫫腰白很无奈，决定发大水将世界淹没。在阿嫫腰白的帮助下，世上只有玛黑、玛纽兄妹躲在木鼓中得以在洪水退去后存活，并且漂到了基诺山，繁衍生息下来，他们在众多的植物中发现了一种带有苦涩味的植物，这就是茶叶。

茶籽

其三，在基诺族族称"丢落"一说的相关叙事中有所记述：

据说基诺族的祖先是跟着南征的孔明来到基诺山的，但这些随从孔明南征北战的战士在疲惫中一觉醒来后，孔明的军队已在天未亮时离开，基诺人费了很大力气终于找到了孔明，但孔明已经不再收留他们。没有办法，他们只得向孔明乞求生路，于是孔明便将茶籽丢给他们，并说"你们好生种茶就会有饭吃"。因此，基诺人学会了种茶，成了被孔明丢落的人。

以上三种说法，都为口述史料，据此只能说明基诺族种茶的历史悠久。但对于基诺族种茶、采茶、制茶、饮茶的历史上限，由于缺乏更多的文字资料记载，而无法进行确切的考证。

文献记录与学者研究

据学者研究，基诺族的聚居地西双版纳产茶的文字资料记载始见于唐代。在樊绰的《蛮书》卷七中称："茶，出银生城界诸山，散收无采造法。蒙舍蛮以椒姜桂和烹而饮之。"银生城即南诏所设的"开南银生节度"，其区域在今景东、景谷及以南地区，相当于今普洱市与西双版纳傣族自治州。银生城界诸山，当即思茅、西双版纳的六大茶山为主的群山。并且从语言上考察，也可证明云南各族人民饮用的茶叶主要来源于普洱、西双版纳地区。今僾尼人、傣族称茶为"La"，基诺族称茶为"La bo"，彝族撒尼方言、武定方言也称茶为"La"，纳西族语言称茶为"Le"，拉祜族语称茶为"La"，藏族发音为"ja"，贵州苗族发音为"chuLa"。可知这些民族最早饮用的茶叶是思茅、西双版纳的

茶马古道示意图

傣族、基诺族、倭尼人供应的。从樊绰《蛮书》的记载看，至迟在1 200年以前洱海地区的居民已饮用来自思茅、西双版纳的茶叶。说明至少在唐代，基诺族聚居的地区已经是产茶区域。

知识链接 **六大茶山** 通常是指普洱茶产地的六大茶山，其全部位于西双版纳傣族自治州境内，具体是攸乐（基诺）、革登、倚邦、莽枝、蛮砖、曼洒（撒）六座山。

发展状况

攸乐茶山经过千百年的发展，至清代中期，茶园面积达到400多公顷，年产干毛茶最高达130吨，成为著名的普洱茶六大古茶山之一。至今，攸乐茶山尚存190多公顷古茶树，古茶树树龄大多数在二三百年，最老的一株为司土老寨古茶树，树龄在500年左右。十八九世纪时，基诺山的茶叶年产量曾达5 000余担。“据一些长者回忆，百余年前的巴坡寨曾有一个茶叶加工场，可以制作‘茶膏’。”

对于包括攸乐六大茶山所产的茶的品质等，道光《普洱府志稿》卷八有详细记载：茶，产普洱府边外六大茶山。……茶味优劣别之，以山首数曼砖、次倚邦、次易武、次莽芝。其他有茶王树，大数围，土人以牲醴祭之。其曼洒，次攸乐，最下则平川产者名坝子茶。此六大茶山之所产也，其余小山甚多，而以蛮松产者为上，大约茶性所宜，总以产红土带沙石之阪者多清芬耳。茶之嫩老则又别之，以时二月采者为芽茶，即白毛尖，三四月采者为小满茶，六七月采者为谷花茶，熬膏外则蒸为饼，有方有圆，圆者为筒子茶，为大团茶，小至四两者为五子圆。拣茶时其叶黄者名金蝶，卷者名疙瘩茶，每岁除采办贡茶外，商贾货之远方。

基诺山茶厂的石塑大鼓

知识链接 **茶膏** 就是将大叶种茶叶经过加工与发酵后，用大锅等器具熬煮从而把茶叶中的纤维物质与茶汁分离，将获得的茶汁进行再加工，使其固化为一种固态的速溶茶。

1938—1939年姚荷生在基诺山考察时还称："攸乐是普洱六大茶山之一，而且是最有名最重要的一个。以前进贡皇室的普洱茶，就是这山上的出产。这里的茶树都是人种植的，行与行间、棵与棵间的距离都有一定，有些老茶树，据说已有几十岁，枝上披满绿色和灰色地衣。土人们很客气，听说我们想买点好茶叶，纷纷地把家藏的顶上春茶送来，这家半斤，那家四两，凑足了二十斤，每斤只要现银二角五分，可是色香味都属上乘，在普洱或昆明都不容易购到的。"

知识链接 **姚荷生（1915—1998）** 江苏丹徒县姚桥镇人，1938年冬至1939年秋作为云南省建设厅边疆实业考察组成员赴西双版纳考察，后来他把在西双版纳收集的资料、笔记、照片整理写成《水摆夷风土记》一书，记录了作者在西双版纳的所见所闻，其中包括基诺山，是研究20世纪三四十年代西双版纳的重要文献资料。该书还被翻译成日文。

然而在民国时期，由于国民党军队1941—1943年对基诺山基诺人的抗争运动进行镇压，使得基诺山已有的茶园因无人管理而荒芜。产茶的寨子由20多个锐减为11个，整个基诺山在1937年尚产茶叶1201担，至1944年锐减到107.5担。

台地茶园

据云南省农科院茶叶研究所第一任所长蒋铨20世纪50年代的调查，当时基诺山区有11个寨子产茶，分别为曼雅乡的曼飘、曼坡，石咀乡的石咀、帕连，曼海乡的龙帕，窝庄和曼海上、中、下寨，茨通乡的茨通、曼朵。其中以龙帕和曼海产茶最多，龙帕的茶叶占该寨总产值的85.3%，曼海的茶叶占该寨总产值的45.1%，此外曼雅乡的曼雅、咱攻、咱内，石咀乡的磨羊和曼卡乡的曼卡等寨也产茶，但数量比较少，仅供自用。茶叶在1956年时占基诺山全区农副业总产值的17.8%，全山区有茶园1 257块，每块茶园面积据抽样实则平均以2.54亩计，共有茶园3 193亩。每亩茶树最多为429株，最少为16株。其中一类茶园2 215亩，每亩230株，亩产干茶24斤，占总茶园面积的69.36%；二类茶园774.7亩，每亩52株，亩产干茶10.4斤，占总茶园面积的24.26%；三类茶园54.8亩，占茶园总面积的1.6%；四类茶园152.4亩，占总茶园面积的4.78%。

1950年基诺山典型家庭经济结构［曼(巴飘)寨］

户名	家庭人口数	谷子产量	籽棉产量	茶叶产量	苞谷产量
老咋家	19人,劳动力10人	20000余斤	700斤	100多斤	
老伙头家	6人,劳动力5人	6500斤	80斤	200斤	15斤
克波家	5人,劳动力2个半	2500斤	20多斤	30斤	150斤
铁树家	11人,劳动力6人	2564斤	100多斤	80多斤	
冀乾家	3人,劳动力2人	2500斤		18斤	颗粒无收
白腊车	4人,劳动力1人	1800斤	60斤		600斤

1950年基诺山典型家庭茶叶收入情况［曼（巴飘）寨］：老咋家采茶共得100多斤，卖得半开15元，1元半开约合人民币5000元（旧币）；老伙头家采茶叶200斤，以两驮茶换得盐两驮，全家一年吃，还有剩余；铁树家采茶80多斤，除自用外，售出60斤，得半开9元，一部分换了点盐巴；冀乾家收茶18斤，以8斤换得盐巴4斤。

知识链接 **半开** 辛亥革命后至抗日战争前载云南流通的一种银圆，由于银币面值五角，称为半元，故而称为半开。

1981年基诺山区的茶叶生产情况一览表

行政单位	茶叶种植面积（亩）	茶叶产量（市担）
曼亚（巴亚）	797	9 570
茨通（司土）	516	5 913
曼海（巴来）	890	9 117
石咀（新司土）	870	2 250
曼卡（巴卡）	440	6 800
新寨（洛特）	1 890	28 850
整个基诺山区	5 406	62 500

20世纪80年代末至90年代中期基诺山基诺族乡茶叶生产情况表

年份	茶叶种植面积（亩）	产量（公斤）	备注
1989	4 588	64 800	
1990	6 126	56 300	建成了一部分密植、速成、高产茶园
1993		97 000	
1995	7 063		占全乡经济林的13.88%，人均0.71亩

2007年基诺山基诺族乡茶叶生产情况一览表

行政单位	茶叶面积（亩）	采摘面积（亩）	干毛茶产量（吨）	备注
基诺山基诺族乡	19 456	11 921	451.2	
巴卡村委会	3 419	917	28.2	
巴来村委会	576	501	26.9	
洛特村委会	1 649	873	62	
新司土村委会	5 691	4 283	131.7	新司土村委会所属亚诺寨有古茶树园1 000多亩
茄玛村委会	2 357	1 200	50.4	
巴亚村委会	3 772	3 347	183	
司土村委会	1 992	800	42	

知识链接 **干毛茶** 经过杀青、搓揉、晒干等初次加工的茶叶被称为干毛茶。干毛茶可以泡饮，但还可以进一步加工成各种类型的成品茶，如砖茶、沱茶等。

独特的种茶和制茶方法

茶树种植方法

基诺族传统的茶树种植方法通常被人们称为“满天星”种植法，此种种植方法就是把茶树与其他林木混种在一起，茶树点缀在山林中，像是满天星斗一样，故得名。当然除了这种古老的种植方法之外，基诺族也逐渐发展起了密植的台地茶。

台地茶园

基诺族生产的茶叶大部分都属于台地茶，台地茶树龄较短，品种比较新，种植时都是一棵接一棵，连成一行，而且一行挨一行，又连成一大片，株距和行距都比较小，密度较大，一棵茶树的占地面积不多，根不深，向四周伸展不大，茶树矮化，容易采摘，容易管理，施肥放农药方便，单位面积种植量大，产量高，但茶叶品质稍逊于古树茶。

知识链接 **古树茶** 基诺族聚居地区的古茶树和茶园主要分布在海拔1 100~1 500米之间，土壤为砖红壤和红壤之间的地带。基诺族地区的古树茶大都属云南大叶茶种，叶形分为长叶形和椭圆形两种；芽叶分为红梗绿芽和绿梗绿芽两种。清末时基诺族聚居地区的古茶园面积约在1万亩，此后历经损毁，至今整个基诺山地区的古茶园仅有约3 000亩，主要分布于亚诺、司土老寨等地。

古茶树

制茶

十二版纳茶产季节，约自清明前半个月左右开始，至霜降止，即由小历（傣历）六月起，至十二月止，凡七月。除中间稍有间断之外，随时可采摘。产于清明前后半个月者，通称春茶。清明前后产者，嫩芽皆被白毛，因又名曰白毛尖，或简称毛尖，或曰春尖。春茶之后，叶色转为乌黑，水色最为浓艳，称曰黑条。黑条之后，雨水盛发，茶质淡薄，叶较粗大而色微黄，是为二水茶。二水茶之后曰粗茶。粗茶叶老色黄，茶质尤淡，品质最劣。粗茶出产之后，须间断一个时期。至稻子扬花之时，茶树复抽放嫩芽，与春尖相似，唯茶质较淡，芽尖亦较粗大，是为谷花茶，盖以其萌芽于稻谷盛花之时而名。谷花茶之后，再产一次粗茶。于是冬季来临，采摘停止，农家料理收割稻子去矣。盖茶仅为十二版纳农家之副业也。

采台地茶

采摘之后，基诺族的散茶制作工序大致如下：

杀青　大多使用铁锅翻炒，炒时不停地翻动锅内茶叶，使其受热均匀，失水均匀，达到杀透杀匀的目的。

茶叶杀青

揉揉　茶叶杀青之后，用竹篾编织的簸箕盛放，然后搓揉，搓揉时要根据茶叶的老嫩灵活掌握，嫩叶轻揉，揉的时间短；老叶重揉，揉的时间长，直至揉到茶叶成条为止。

揉茶

晒干　茶叶揉好后，厚薄均匀地放在簸箕里面晾晒，茶叶晒至九成干即可。近年来，基诺山的一些村寨还引进了专门用于烘烤茶叶的烤箱，把茶叶烘干。

筛拣　干燥以后的茶叶，在出售前或进一步加工前，根据叶

片大小等进行筛拣，然后分品级包装。

制茶工具

简帕（挎包）和竹箩 主要用于采茶时盛装采摘下来的鲜叶，并用其把鲜叶从茶园运回家中。

铁锅 用于茶叶的杀青和去水分的传统工具。

电烤箱 近些年才出现，代替铁锅烘烤鲜叶以达到杀青和去水分的效果。

簸箕 主要用于搓揉和晾晒杀青后的茶叶。有时也直接架在火塘的三脚架上用火炭烘烤茶叶，使茶叶水分蒸发。

竹席子或竹篾笆 用于晾晒杀青后的茶叶。

饮、食茶用具

大竹筒或竹杯，基诺人饮老茶的茶具也很特别，一类是盛装茶水的大竹筒，竹筒两端带节，上端削一个斜口，节上留一短枝作提手，并打一个3厘米左右直径的洞；另类是饮茶水的小竹筒，也削一个斜口。待锅中的老茶煮好后，先用瓢舀茶水倒入大竹筒中，再提着大竹筒给客人面前的小竹筒中注入茶水。

◀ 拣茶

▲

杀青搓揉后的茶叶

▲

竹箩装茶叶

除了竹筒或竹杯外，近些年外来的饮茶器具如飘逸壶、紫砂壶、瓷器等也逐渐被采用。另外，在制作食用的茶叶时，舂槽和芭蕉叶都是比较常见的用具。

知识链接 **舂槽** 基诺族的舂槽多用粗大的竹子制作而成。制作时把竹竿一剖为二，留两个竹节之间的空间作为槽，把剖面削光滑，再在竹节之外削一个把手即可。

饮食文化中的茶

在基诺族社会中，茶叶不仅可以泡水饮用，而且还可以制成菜吃，甚至还可以作为药物来发挥作用。

凉拌茶

凉拌茶，基诺语称“拉帕批皮”。基诺族的凉拌茶主要有13种，在每年公历的2~4月制作的有普通凉拌茶、嘎哩罗凉拌茶、臭菜凉拌茶、鸟肉凉拌茶、螃蟹凉拌茶、杂拌凉拌茶等；4~11月制作的凉拌茶有酸蚂蚁蛋凉拌茶、熟甜笋凉拌茶、生甜笋凉拌茶、白参凉拌茶、蘑菇凉拌茶、野兽干巴凉拌茶、凉拌茶拼盘等。

攸乐茶饼

2~4月的凉拌茶

普通凉拌茶：将大叶鲜嫩茶叶揉软搓细后放入碗内，再放入柠檬叶、大蒜、山八角、辣椒、食盐等辅料，用生水或凉开水冲泡配拌后，即可食用。

嘎哩罗凉拌茶：将大叶鲜嫩茶叶揉软搓细后放入碗内，再放入舂碎的嘎哩罗果、柠檬叶、大蒜、山八角、辣椒、食盐等辅料，用生水或凉开水冲泡配拌后，即可食用。

臭菜凉拌茶：将大叶鲜嫩茶叶揉软搓细后放入碗内，再放入芭蕉叶包烧熟的臭菜，使凉拌茶有臭菜的异香，然后再加入辣椒、食盐等辅料，用凉开水冲泡配拌后即可食用。

鸟肉凉拌茶：把捕获的鸟肉烤熟，舂细后放入碗中，随即放入揉细的鲜茶叶，以及柠檬叶、大蒜、山八角、食盐等辅料，用凉开水冲泡配拌后即可食用。

螃蟹凉拌茶：将野生螃蟹烤熟，然后舂细放入碗中，再加入柠檬叶、大蒜、山八角、辣椒、盐巴等辅料冲泡、配制而成。

杂拌凉拌茶：将烤熟的鲜肉、鸟肉，以及舂碎的嘎哩罗果与揉细的鲜嫩茶叶放入碗中，用生水或凉开水冲拌，随即放入柠檬叶、辣椒、大蒜、食盐配制而成。

知识链接 **嘎哩罗果** 即槟榔青树的果实，槟榔青为落叶乔木，高10~15米。多生于干热河谷山坡，平坝或沟谷路边稀疏的树林之中。树皮可用于治感冒、心慌等，果多用于作为制作食物的作料。

4~11月的凉拌茶

酸蚂蚁蛋凉拌茶：先将揉细的鲜茶叶放入碗中，随即放入新鲜饱满的酸蚂蚁蛋、辣椒、盐巴等配料，用生水和凉开水冲拌而成。

熟甜笋凉拌茶：先把甜笋烧熟舂细后放入碗中，再加入揉细的茶叶、辣椒、盐巴、大蒜等辅料，加入凉开水冲拌而成。

生甜笋凉拌茶：把生甜笋去皮舂细后放入碗中，再加上揉细的茶叶，以及各种辅料配制而成。

白参凉拌茶：白参可以生拌，也可熟拌。生拌即把生白参洗净舂细后放入碗中，再加入揉细的茶叶、辣椒、盐巴、大蒜等各种辅料；熟拌即把烧熟后的白参放入碗中，再加入揉细的茶叶，以及各种辅料，然后再加入凉开水冲拌而成。

蘑菇凉拌茶：先把蘑菇烤熟舂细，与揉细的嫩茶叶先后放入碗中，加入辣椒、盐巴、大蒜等辅料，再用水冲拌而成。

野兽干巴凉拌茶：先把野兽干巴烤熟舂细放入碗中，再加入揉细的嫩茶叶，以及各种辅料用水冲拌而成。

知识链接 **干巴** 云南独特的食品，通常以牛肉为原料，在其上抹盐巴等，经过晾晒让其脱水收缩变硬后陆续食用。

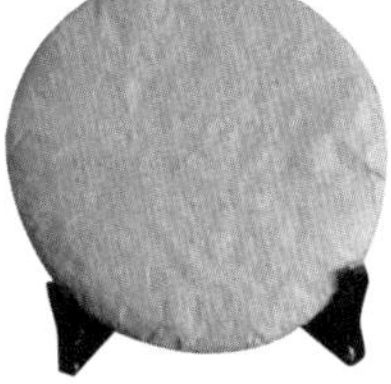

▲

基诺山生产的茶饼

凉拌茶拼盘：用舂细的野兽干巴、竹笋、蘑菇等，加入揉细的茶叶以及山八角、辣椒、盐巴、大蒜等辅料之后，用水冲拌而成。此种凉拌茶为凉拌茶中的极品，甚是难得。

烤制茶

此类茶亦可称为“天工茶”，主要包括四种类型：

冬果叶茶 取大叶鲜茶约500克，用冬果叶包上2~3层，放在火中烧烤，烤出茶叶的焦香味后，去掉冬果叶，晾干储存。此种方法制作峨茶叶具有热带雨林野生冬果叶的独特香味。而且冬果叶又有有红边的、无红边的、光滑的、叶长有毛的4种，其中有毛冬果叶烤出的干茶特别香。

机械化茶叶杀青工具

大贝叶茶 大贝叶是热带雨林中的多年生植物，叶面大，可以用来盖房顶，做雨衣。大贝叶茶的制作，即是取鲜茶约500克，用大贝叶包上2~3层，放在火中烧烤，烤出茶叶的香味后，去掉大贝叶，把茶叶晾干储存，随时取出冲饮。

芭蕉叶茶 用野生芭蕉叶把鲜茶叶若干包上2~3层，放在火中烧烤，等烤出茶叶的焦香味后，去掉芭蕉叶，把茶叶晾干即可。

扫把花茶（或称清凉茶） 在冬果叶茶、大贝叶茶和芭蕉叶茶制作过程中加入几片野生扫把花和叶，茶叶再烧烤后，就会具有扫把花的清香味。由于野生扫把花可做凉药，故加入扫把花的烤茶亦称清凉茶。

竹筒茶

取一节长约40厘米的新鲜泡竹筒，把鲜茶放入竹筒内，用木棒边舂边填，直到填满舂紧，用芭蕉叶盖紧竹筒口，然后在火上烧烤，待烤出鲜茶与泡竹的清香味，破开竹筒即成筒状干茶。竹筒茶制成后，用箩筐储存，取来箩筐，在筐内底部及其四周铺垫上干竹笋叶，再装满干茶，盖上竹笋叶后用竹篾捆紧放置在通风干燥的地方储存。另外，烤干的茶叶也可以放入封盖严实的龙竹筒内，置放在干燥通风处，随时取用，一年内不会变味。

竹筒茶

知识链接 **龙竹** 乔木状竹类，通常高24~30米，在中国主要分布在西南部和南部。为世界上最大的竹类之一，多用于建筑和编织。

铁锅蒸茶

铁锅上置甑子，把鲜茶叶放入甑子，生火烧水把茶叶蒸干，取出晾晒后即可。

火燎茶

手持大叶鲜茶细枝在山野炊烬中反复燎烤，直至茶叶干黄卷曲发出香味，放入竹筒烧煮后，即成为可以饮用的火燎鲜茶。此种方法制作的茶叶即采、即燎、即煮、即饮，带有原生鲜茶的特有香味，去除了即采即煮鲜茶的苦涩。此种方法制作，不用嫩茶尖，只用大而老的鲜茶叶。

包烧茶

包烧茶是将茶树的老叶片用芭蕉叶或当地的一种扫把叶包好，埋入火塘内炭火灰中，十多分钟后，即可取出烧好的茶叶，放入茶壶中煮饮，也可放入茶杯中直接用开水泡饮。包烧茶现烧现用时汤色黄绿，清香爽口。如果烧好后晾干，儿天后再煮（泡），则成暗红的汤色，香气稍逊，滋味也还醇和。

茶酒

茶酒多选用基诺族村民自己烤制的优质粮食酒与大叶种优质茶配制而成。酒色金黄透亮，饮之有微苦、醇和、回甘、生津、止渴之口感。具有清凉解暑、解热毒、减轻烟毒及重金属毒、抗

▲

正在加工的茶叶

辐射、抗衰老等作用。

具体做法如下：第一步，茶汁萃取。以茶水比为1：70左右的比例，大概在95℃~100℃的水温，浸泡到茶汁充分溶出为止。第二步，过滤。将茶渣用筛网过滤，从茶汁液里去除掉。第三步，冷却。等茶汁冷却后，去除茶汁中的沉淀物即成为茶制备液。第四步，茶酒配制。将茶制备液按配方加入蔗糖，即成茶糖混合液，加温调制后，冷却，放入酵母。最后一步，发酵。将茶酒调制液放入25℃左右的地窖内或者其他容器里发酵，经过一段时间的发酵后，即可制成美味的茶酒。

知识链接 **药用茶** 基诺族还会用茶叶敷小的伤口来促进伤口的愈合；一些拉肚子的症状也会采取食用茶叶的方法来治疗。

祭祀文化中的茶

茶叶对于基诺族而言，它的重要性不仅在于其是日常饮品和对外交换的主要物品，而且在于茶叶也是基诺族祭祀鬼神的重要物品。

以茶祭神

按基诺族的传统习俗，每年开摘春茶前，都要由村寨长老带领村民举行祭祀茶神树的仪式。祭祀的时候，人们来到茶园围着茶神树，由寨中长老主持祭祀仪式，他先敲几个鸡蛋，将蛋清和蛋黄淋在树干上，再将一只公鸡的嘴巴割开，将鲜血淋在茶神树上，又淋至周边大小茶树上，长老嘴里不停地喊着：“茶神哪！我们给你送鸡、送鸡蛋来了，你吃你享用吧！请多多发出青芽，请不要让那些乱七八糟的虫来吃，保佑我们茶叶丰收、生活富足……”当然，在不同的村寨，祭祀茶神的日期和方式会有一些差别。

亚诺寨在为期12天的农业祭祀活动“洛嫫洛”中有全民祭祀茶神活动。祭祀当日村民们不能出村，有许多神神禁忌，如暂停采茶工作，家家户户拿着红公鸡去自家茶园祭一次茶神，杀鸡后要在园中最大的茶树上涂三道鸡血并沾上鸡毛，然后在茶树树干打破鸡蛋，再把鸡蛋壳套在茶树干上，并念祷词祈求丰收。

巴亚寨的祭茶神活动是将年内积累的蛋壳套在每一棵茶树的枝头上。茶树被雷击的户主要世代相传，在每年茶树发芽时节，杀黑色与白色小猪各一头，黑色与白色鸡各一只，在雷击处祭祀。

么卓寨也一直延续着祭祀茶神的传统习俗，这个寨子的茶神祭祀的时间通常安排在每年春茶开采前。祭祀活动在古茶树下进行，村民在主持祭祀的人带领下祭茶神，主持祭茶神的人也被称为祭茶师，必须用一把世代相传、象征祭茶师身份的刀杀鸡，并洒下鸡血，向茶神祈求茶叶丰收，杀鸡祭祀时一边洒血一边念祈神的祭词。

以茶祭天

基诺族称祭天为“蹉跎”，每年农历五月进行，有的村寨祭祀的场地就在遭雷击的茶树下。另外，在祭祀天神的时候除猪、鸡、鸡蛋、糯米饭外，茶叶也是祭品之一。

以茶祭天

以茶祭鼓

每年过特懋克，基诺族都要祭祀大鼓，以祈求寨神和祖先保佑村寨和家庭人畜兴旺，来年丰收。祭祀时所用的祭品除了猪、鸡、米饭、酒、槟榔等，干的茶叶也是必不可少的。

以茶祭祖

对于死去的亲属，基诺人在安葬的时候都会为其装上一竹筒茶叶。同样，对以前亡故的亲人，基诺人还会托正在安葬的死者捎带茶水去奉献给他们。在安葬死者时人们献给亡故亲人的茶叶，放在墓穴中的棺木旁同其他陪葬品一同埋葬在坟墓当中。

以茶为媒的对外交往

茶叶作为礼物和贡物

茶叶在基诺族日常的互惠活动中占有重要地位。看病的人通常要带茶叶作为礼物送给草药医生，请他为自己看病。在傣族召片领统治的时代，基诺族还把茶叶作为贡品交给傣族土司。在清代基诺山出产的茶叶，有的经过茶商加工后还曾经作为贡品进贡朝廷。

茶叶作为商品

基诺山在历史上不仅是普洱茶六大茶山之一，而且还曾被茶商誉为普洱茶的中心产地。其茶树品种包括大叶种和小叶种，大叶种以亚诺寨为中心，小叶种以巴来、巴飘为中心，而在司土、巴坡等寨大叶种、小叶种均有。

在以物易物的年代，茶叶作为基诺山的特产，是基诺族用于与外界交换生活必需品的主要物品。正如一首名为《汉族阿哥你哪里来》的基诺族民歌唱道："高大的汉族阿哥哎，你们从哪里来？札磊、札角哇，我们走哇走过来。泡核桃和糖果带来了吗？基诺族最好的鲜茶与你换。"

知识链接 **泡核桃** 中国西南地区一种重要的经济树种。乔木，生于海拔1 300~3 300米之间的山坡或山谷林中，在云南已有很长的栽培历史。果实含油量高，可食用，木材坚硬。

清代，基诺山的茶叶产量可达80 000市斤，吸引了大批内地汉族商人前来贸易，他们带来了盐巴、布匹等日用品，以换取基诺山的茶叶、棉花等特产，每年外商从基诺山运走的特产大约都在1 000驮左右。普洱、倚邦、易武等地外来茶商上山收购时，茶商以盐换茶，初以9斤盐巴换100斤茶，后来逐渐减为7斤、5斤、3斤。也有基诺人拿着茶叶到橄榄坝换土锅、水缸，交换时，以锅、缸量茶，通常一锅茶叶换一个土锅，一缸茶叶换一个水缸。

茶山深处

中华人民共和国成立后，西双版纳茶叶公司于1954年先后在曼飘和龙帕设立了茶叶收购组，1955年下半年勐海茶厂在基诺山建立茶叶收购点；1956年又在茨通和曼雅设立了一个收购组和一个收购点。

茶叶礼盒

今天，基诺山每年的茶叶交易量很难得出一个准确的统计数计，因为基诺山出产的茶叶不仅有外来的商贩收购，而且当地还有多家茶叶加工厂，有的创造了自己的品牌，把毛茶制成茶饼销售。有的收购鲜叶后进行再加工，分级后再远销昆明、广州等地，而且零卖和趸卖都同时并存。

第八章 基诺族人物故事

历史都是由人创造的，同样基诺族的历史是由基诺人自己创造和书写的，在基诺族告别鲜为人知的状态之后，一些具有担当精神、创造精神、开拓精神的基诺人走进了我们的视野，通过他们，我们可以去感知基诺族逐渐走向自觉、自信的过程。

领导基诺人反抗
剥削压迫的搓约和阿四

搓约（1908—1943），也写作操腰、曹约等，基诺山巴卡寨人，自幼家庭贫寒，靠“刀耕火种”和采集狩猎为生，18岁时母亲病故，31岁时到同村以那家上门成亲。由于巴卡寨处于基诺山的边缘地带，搓约生活于此，有机会与邻近的其他民族接触和交往，在此过程中他结识了汉族铁匠郭兴发，彼此成了好朋友，搓约从郭兴发等人那里了解了汉族的一些民间信仰。当时正值国民党地方政府的差役、征兵和各种苛捐杂税越来越多，逼迫基诺人走投无路。在此情形下，搓约创立了一种新的宗教仪式“显什多”（意为“金子出来领路”或“鸭血拭身浑身发抖的领路人”），带领基诺族举起了反抗压迫的大旗。武装反抗活动自1941年开始，联合了基诺、瑶、僾尼、汉、布朗、本人等民族群体，经过多次战斗，最终迫使云南省政府撤销车里（景洪）县长，减免苛捐杂税，与基诺族和谈。基诺人反抗斗争胜利结束后，搓约回到了巴卡寨，1943年9月在守庄稼地时患病，经草药医生医治无效去世。

阿四（1905—1960），本名木腊者，据新中国成立初期到基诺山的民族工作队员回忆，阿四汉名李仕，还有一说称阿四又名张老四，基诺山巴卡寨人。民国时期当过保长。解放战争时期在中国人民解放军滇桂黔边纵鲁文聪部当过中队长，新中国成立初期曾协助民族工作队在巴卡一带开展工作，曾先后担任基诺洛克生产文化站副站长，州政协委员和人大代表。阿四虽为文盲，但是从小与外界接触交流广泛，能说流利的汉语，在当地有一定的影响力和号召力，搓约领导基诺人反抗斗争后，作

阿四（后排右三）

为搓约任命的大队长，阿四成为起义的主要领导之一，在武装反抗活动中作战勇敢，曾带领队伍打到勐仑的曼干，象明的仰联、江心湾等地。1943年军队占领巴卡寨，巴卡寨长老头人商议与政府和谈，搓约、阿四等起义领导人也默认。通过谈判反抗活动结束，军队撤离。1958年，阿四在民主补课中被错划阶级而被捕入狱，1960年在监狱中病故。

知识链接 **僾尼人** 属于哈尼族的一个支系，主要分布在西双版纳傣族自治州。主要节日有嘎汤帕节。

从学差到公仆的何贵

何贵（1930—2008），基诺族名叫岳治，云南省西双版纳傣族自治州景洪市基诺山基诺族乡巴来村人，曾先后担任基诺洛克区（今基诺山基诺族乡）区委书记、景洪县（今为景洪市）县委书记、西双版纳傣族自治州州委副书记、州人大常委会主任等职务。

1930年何贵出生于基诺山巴来村的一个贫苦农民家庭。小时当过帮工，后来被曼海寨傣族头人派去曼暖勒小学（后来搬迁至橄榄坝城子）当“学差”，1948年小学毕业，进入十二版纳中学学习，1949年在老师的动员下来到勐海进入车佛南军政干校，编入军训班，从此走上革命道路。1950年11月，赴昆明参加全省各族各界代表大会。1951年受组织派遣到西南民族学院学习。1952年11月，云南省民委组建工作队赴西双版纳进行民族调查，并开展和平协商土地改革，同时帮助筹建自治区（州）人民政府。此时，何贵作为训练民兵的副组长兼翻译参与其中。1953年1月23日西双版纳傣族自治区（州）人民政府正式成立后，决定从机关抽调一批干部配合民族工作队在辖区内开展合理负担的征粮工作，何贵遂被分配到勐罕分队任副队长，后又代理队长，工作得到了上级的充分肯定。此后还先后负责景洪城

何贵

内宣慰街、勐海县勐阿两地的土改工作，都较好地完成了任务。1957年调任版纳勐养工委副书记。后来从任上进入省委党校初中班学习至1959年底。1960年初，从省委党校毕业归来，赴新成立的基诺山区任区委书记，在区委书记任上工作了5年，带领群众渡过了缺粮难关，对基诺山区的稳定与发展做出了贡献。1965年1月调任景洪县委副书记，分管政法、人武、农业和山区工作。1966年“文化大革命”开始，何贵被批斗，并送至“五七”干校劳动改造，1969年结束干校生活到县里组建的水利兵团任副团长，此后一段时间内主要与下乡的知识青年在一起工作。1972年，调回县委工作，恢复县委副书记职务。1975年省委决定何贵担任景洪县委书记，至1979年，到西南农业学院进修，1980年任中共西双版纳州委副书记分管全州政法、人武、农业和山区工作。在任上对山区的开发做出了规划。1983年机构改革后担任州委副书记兼常务副州长、党组书记。在任上实施了新修四条公路、新修南果河水电站等工程，提出并负责指挥新建西双版纳机场。后担任西双版纳州人大常委会主任至1992年退休。西双版纳新的领导班子上任后，依然请求何贵参与抓西双版纳的基础建设工作，并让他担任西双版纳机场扩建领导小组副组长，退而不休的何贵依然忙碌在西双版纳的政府工作中。1997年，何贵就开始出现视力急剧减退的症状，同时心脏也开始出现疾病。但他依然忙碌于各种事务。但凡有基层群众找上门要他解决问题，依然不遗余力地四处奔走协调帮助群众解决困难。2008年11月11日，何贵离开了人世，这天正好是何贵的生日。

从何贵的人生历程可以反映出基诺族从西南边疆地区的一种土民转变为一个民族的历程，这个过程是基诺族地位不断提高与其他民族具有平等地位的过程，也是基诺族与其他民族逐渐走向共同富裕的过程。

知识链接

学差 近代以来，各级政府逐渐在边疆民族地区兴办了一些边疆学校，要求边疆少数民族子女，特别是土司和民族上层人士的子女必须参加学习，有的土司或民族头人不愿把自己的子女送到学校上学，便找人代替自己的子女去上学，而这些代替他人上学的人便被称为学差。

基诺族古歌演唱泰斗：沙都

沙都（1919—1995），女，基诺山基诺族乡巴卡小寨人，人们通常称呼她为阿匹沙都。在基诺山有“歌王”之称，善唱“巴格勒”“巴什”“佐交交么”“米嫫饶嫫”“乔秀巴格勒”等。

沙都（左二）

1988年基诺山基诺族乡政府首次组织庆祝本民族的法定节日——特懋克，沙都被邀请到场，在乡广播站用麦克风演唱基诺族古歌，让全乡的人都听到了她的歌声。此后她还到景洪城去参加过演出。沙都成为改革开放后最早走上舞台，表演本民族歌曲的女性。到了晚年，沙都在巴卡一带教会了许多妇女唱古歌，其中就包括她的大儿媳——依白，依白后来还获得了“云南省民族民间艺人”的称号。

基诺族传统文化活字典：沙车

沙车，1932年出生，基诺山基诺族乡巴亚老寨人，目前生活在巴朵寨。沙车自幼喜欢本民族的歌舞音乐，在长辈的熏陶下，逐渐成长为一名民间艺人，他不仅能够唱各种礼俗歌、祭祀歌、儿歌，而且还会讲基诺族的许多故事，会跳各种传统舞蹈。能够说流利的汉语，对本民族的历史和文化十分了解和热爱。

1953年民族工作队进村，次年沙车作为民兵副队长陪同本民族的上层人士到昆明参加“版纳民族上层会”，接着追随民族工作队开展工作，那时他就负责组织了几次民族歌舞表演。1956年正式参加工作，1959年结婚。在生产合作社工作了十多年，后来参加了民族干部扫盲班为期三个月的培训。之后在景洪县文化馆馆长的介绍下，于1980年调到基诺山乡文化站工作，任乡文化站站长。到文化站工作后，组织建立了文艺队，制作了一批大鼓。

沙车

为了恢复和保存基诺族文化，他几乎走访了所有基诺族的村寨，访谈了所有的老年人，对本民族的一些文化进行了创新和改造。正是在他的带动下，女人从大鼓舞的伴奏人，也成为跳大鼓舞的主角。

沙车从事文化工作以来，搜集、整理、加工创造了20多个基诺族舞蹈和歌曲。他创作的《竹筒演奏》参加全国少数民族文艺会演获优秀节目奖；他改编的传统舞蹈《跳竹竿》获云南省文化厅授予的优秀编导奖，《山羊打架》获编导奖。还有《织布舞》《种茶歌》等7个节目获州级奖励。他还负责举办了30多期培训班，共培训基诺歌手500多人次。1980年和1987年两次被评为云南省农村文化艺术先进工作者，1994年受到云南省委省政府为云南边疆的解放和建设做出了贡献的表彰。被中国曲艺家协会云南分会、云南省民间文学协会吸收为会员。他曾任全国第八届政协委员、云南省六届政协委员，西双版纳省州六届、景洪县六届、景洪县七届政协常委。此外，沙车曾经带着大鼓到日本展示本民族的文化，向世界宣传了基诺族，并且作为调查研究者的主要访谈对象，为各种学术研究提供了大量资料。2002年沙车被命名为云南省首批省级民族民间文化艺人。

今天，作为基诺族文化，特别是特懋克和大鼓舞的主要传承人之一，沙车惋惜的是本民族传统文化正在一点一滴逐渐减少。在他看来人们现在过节喜欢大吃大喝，而不管有没有文化活动。年轻人不喜欢本民族的文化，开晚会都不唱基诺族的歌。一些老年人穿上本民族的服装都会感觉害羞，说明基诺人缺乏对本民族文化的自信。他认为民族文化就像一朵花，没有花朵就没有果实，也就不会有种子。虽然有种种遗憾，沙车还在继续努力为传承本民族文化而思考和实践。如，他在巴坡收了女徒弟，教会了弟子敲竹筒乐器——“七柯”，女弟子也成为基诺族为数不多的会敲竹筒的女性。同时沙车也希望政府多关注基诺族文化的发展，在政府工作会议中多一些民族文化方面的议题。

多部研究基诺族的著作的参与者和见证人：白佳林

白佳林，基诺名为白腊者，1935年出生，基诺山巴亚老寨人，1954年参加工作，曾担任基诺区公所（即现在的乡）副区长。现退休生活在基诺族乡政府所在地。

1955年2月至1958年2月，白佳林曾在云南民族学院初中班就读。在此过程中，他掌握了熟练的汉语，并能用汉字写作。三年学习结束后，白佳林回到了基诺山，并担任基诺区副区长一职。此后曾于1960年2月~1964年5月进入思茅地委党校高中班进修，进一步提高了自己的文化水平。党校学习结束回来后，一直在乡政府不同工作岗位工作，至1984年12月，由于眼睛患了白内障，无法正常工作，就退休了。2000年做了白内障手术之后，他的视力好转，就一直在为保护与传承基诺族文化而奔忙。

白佳林

白佳林自幼生活在随时可见歌舞的环境中，很小就对本民族的歌曲产生了兴趣，13岁左右已经能和大人一起唱跳。白佳林对于基诺族从古至今的爱情、婚俗历史了如指掌，最擅长演唱爱情歌曲，是很难得的婚姻爱情习俗和歌曲传人。2006年被西双版纳州文体局命名为州级“非物质文化遗产传承人”。2014年被命名为省级“非物质文化遗产传承人”。特别是基诺族大鼓舞被列为国家级非物质文化遗产以来，组织实施的各期传承人培训班，白佳林都是作为主要授课教师之一参与其中，为本民族文化遗产的保护与传承贡献力量。

白佳林善于思考，能抓住问题的关键和本质，并且能用汉语把基诺族的许多文化事象解释清楚，因此许多研究基诺族文化的学者都曾请过白佳林作为从事研究工作的翻译或报告人。无论是50多年来一直研究基诺族的杜玉亭，还是研究基诺族刀耕火种的尹绍亭，以及《民族心理调查与研究——基诺族》《贝壳歌》等著作的作者，都请白佳林作为研究资料的主要提供者，有的研究人员还长期居住在他家从事基诺族文化的调查研究工作。可以说，他是多部基诺族论著的见证人，并一直在恪守本民族的文化传统。

乐观豁达的
省级民间艺人：白腊者

白腊者，也称波者、宝者，巴亚老寨人，1936年出生，1995年8月退休，目前生活在基诺山基诺族乡政府驻地基诺洛克。白腊者，1959年加入中国共产党，1965年参加工作，曾入云南民族学院学习，先后担任过乡（现在的村委会）文书，区（现在的乡）武装部长、区长、乡人大主席。

白腊者

如果说与白佳林老人交往显得有些严肃和拘束，那么与白腊者交往，你会发现在他身上真正体现了心宽体胖的道理。年轻人对于这个开朗豁达的长辈往往都尊称“阿普者”。

白腊者自幼对村寨里进行的祭祀活动、口碑传说、民间故事、风俗习惯、节庆和歌舞等都比较感兴趣。随着年龄的增长和阅历的增加，他更加热爱和珍视本民族的历史、文化和各种古歌，在此过程中他也成为基诺族研究专家杜玉亭的好友，并且在与杜玉亭先生的交往中认识到本民族文化的重要性，学会了一些搜集、整理和保护本民族文化的方法。如今他已经成了为数不多的能够流利唱出基诺族古歌和讲述基诺族各种风俗习惯的基诺族老人。2007年6月，他被云南省文化厅和云南省民族事务委员会命名为省级“非物质文化遗产传承人（习俗类）”。

基诺族大鼓舞
第一位女传承人：何桂英

何桂英，女，1967年出生，基诺山基诺族乡新司土村委会巴朵村民小组人。在家中排行老二，由于父亲年老多病，姐姐又外嫁其他寨子，为帮助母亲务农，供弟弟读书，她上到初三还没有毕业就辍学回家了。虽然学业没有所成，但是从小喜爱唱歌跳舞的她，却对歌舞一直没有放弃。小时候母亲就是自己唱歌的启蒙老师，随着年龄的增长，她利用参加各种歌舞表演和比赛来锻炼自己，还先后向阿匹沙都、沙车等前辈学习，天赋加上虚心好学，渐渐地，她成为整个基诺乡组织歌舞表演活动不可缺少的人。虽然参加许多歌舞表演都是无偿的，但是她出于对本民族歌舞的热爱却从不拒绝。在传统社会，基诺族大鼓是只能由男人来敲击的，但在沙车和其他前辈的鼓励和帮助下，何桂英不仅成为第一代敲击大鼓的女性，而且她还对大鼓舞的一些舞蹈动作进行了改革，使得大鼓舞的内容更加丰富。大鼓舞男女共同参加，舞姿优美，气势恢宏，能够体现基诺族传统文化内涵。2009年6月16日的晚上，为迎接中华人民共和国成立60周年，充分展示改革开放30年来基诺族人民生活发生的巨大变化，展示西双版纳多姿多彩的民族文化，由中共西双版纳傣族自治州委员会、西双版纳傣族自治州人民政府主办的“基诺族·30年跨越”文艺晚会在北京民族文化宫举行。其中，参演节目《基诺族大鼓舞》的开场歌曲就由何桂英演唱。2009年10月，她再次赴北京参加全国第五届CCTV舞蹈大赛演出，荣获团体群文组铜奖。

何桂英

2007年6月，何桂英被评为云南省省级“非物质文化遗产基诺族大鼓舞的传承人”。

基诺族民间音乐家：资木拉

资木拉，巴卡小寨人，是去世的基诺族著名女歌手沙都的长子，1940年出生，能讲流利的傣语和汉语，1983年后曾担任巴卡小寨村长（组长）。据说在沙都怀着资木拉的时候，沙都的丈夫曾经打到一只会唱优美歌声的鸟给沙都吃。从那时起，他们就觉得未来的孩子一定会唱很多基诺族的歌曲。

弹三弦的资木拉

天赋加上个人的努力和爱好，资木拉逐渐成长为一名能够吹、拉、弹、唱的多面手。母亲在世时，母亲参加表演，他就为母亲伴奏，并且时常和母亲合作参加演出。除了文艺方面的才能，资木拉还学会了木工、泥工和打铁。因此在他担任村主任期间，他不仅带领村民对全村的房屋进行了改造，而且还在过节的时候带着大家围着篝火歌舞欢庆。但是随着1982年和1983年基诺山分别实施“林业三定”和“两山一地”政策，巴卡小寨土地集体所有制被打破，山地、林地、水田等逐渐承包到户，村寨各户取得了安排生产的自主权。基于统一安排全寨生产而产生的特懋克失去了坚实的基础，并且接下来的村干部年轻化，让关心和熟悉本民族文化的老年人退出了人们日常生产、生活的前台。这样特懋克等基诺族文化就经历中断—恢复—变异—重建的历程。当前资木拉作为一名省级民族民间艺人，在通过制作各种民族器乐和工艺品，参加各类民族文化表演，向青年人传授歌舞技艺等为本民族文化的重建和传承做着自己的贡献。

基诺族与
外来科研人员的桥梁：资切

资切，1949年出生于巴卡寨的工匠家庭，由于在小学当过教师，通常人们称他为董老师（汉姓董）。他曾担任过基诺山基诺族乡文化站站长一职，1992年曾当选云南省第七届政协委员。2008年退休。目前退休的他，还担任基诺乡政府机关老年协会的会长和基诺族学会的顾问等社会职务。

资切

资切，1957年上小学，学校老师为外来的汉族，老师用基诺语教学。上学到4年级时，能写能用一些汉字，开始学会写汉语作文。4年级读完，背着米、柴火走路（36千米）到基诺乡政府所在地的基诺乡中学上学。当时，基诺山区的森林比较茂密，大家穿着厚厚的民族服装也感觉冷，还有人经常得疟疾，学习条件比较艰苦。读到六年级时，传说阶级成分高的人不能参加升学考试，就返回家中。1965年开始参加劳动，1966年“文化大革命”开始，由于阶级成分高，每天要负责打扫卫生，不能参加各种会议。1974年阶级复查队复查后，家庭成分被定为中农，此时由于基诺山师资缺乏，政府发动高小毕业的人去参加“民办教师班培训”，资切就报名参加了，经过培训后开始担任民办教师，1976年他所创作的水粉画《农业学大寨》和《喜讯传来》参加西南四省美术作品展，1979年参加初级师范考试成为正式的公办教师。1981年8月份，他结束了教师生涯，进入乡文化站工作（文化站于1980年建立），这一年他创造的油画《基诺山寨的希望》参加了全国少数民族美术比赛并获奖，还被北京民族文化宫收藏。1986年资切还组织人员把电影《滴水观音》译制成了基诺语。

乡文化站资切画作：基诺族的房屋

资切不仅熟知本民族的历史与文化，而且还能演奏和制作本民族的各种乐器。更难能可贵的是自从资切来到乡文化站工作之后一直到今天，对从外面来找到他的科研人员，总是笑脸相迎，热情接待，把自己对本民族文化的所知所想倾囊相告。资切——科研人员与基诺族之间的桥梁。

基诺族第一个
女大学生：白腊蕾

白腊蕾，女，1950年出生，基诺山巴亚寨人。从白腊蕾的名字可以知道，这个名字是基诺族祭司白腊泡取的，属于白腊泡连名，而且她名字中还有一个“蕾”字，就表明她是兄弟姐妹中最小的一个。她曾先后就读于基诺族乡中心小学、景洪的西双版纳师范学校初中部，从学校毕业返乡后，经过思茅卫校派来的老师进行一些针灸和中草药的培训后，白腊蕾成为基诺山的第一个基诺族赤脚医生。1969年被保送到昆明医学院上学，1974年毕业，是基诺族历史上第一个女大学生。大学毕业后回到了基诺山，在基诺乡卫生院工作，1976年被任命为卫生院院长，她在院长职位上一干就是11年。1983年她挎着医药箱出诊的形象被《民族团结》（现更名为《今日民族》）杂志选作封面人物。1986年调到西双版纳州医院工作，1987年出席第六次全国妇女代表大会，1995年9月参加了在北京举行的第四次世界妇女代表大会的“非政府论坛”。2003年6月退休。

白腊蕾

基诺族草药
医生的代表：张药纳

张药纳，基诺山巴卡老寨人，1949年出生于草医世家，他的父亲布鲁飘曾经参加了20世纪40年代的基诺族起义，负责用草药医治在起义中受伤的基诺人。张药纳从小跟着父亲，学会了基诺族草药的各种知识和技能，父亲去世后，张药纳就继承了父亲草药医生的职位，为其家族第四代草医传人。他们家族擅长治疗骨伤和枪伤。在治疗时同时使用“口功”和草药，所念口功均为祖传，所用草药全都是自己从山上采摘而来。据说“他仅用了24天时间就让一个大腿被火药枪打穿了的人伤愈”。由于医术精湛和高超，他家几乎每天都有慕名而来的病人，并且经常有伤者住在他家治疗。如今，60多岁的张药纳准备把他的医术传给自己的女儿，在外工作的儿子则筹备把祖上世代口传的医术和药物通过文字和图像记录下来，让其发扬光大。

◀ 张药纳

基诺族非物质文化遗产传承的后起之秀：白腊先

白腊先，1957年出生，基诺山基诺族乡巴坡人，2002年被命名为云南省第一批省级民族民间艺人。1962年6岁上学，上学期间就开始参加一些文艺表演活动。1966年“文化大革命”开始后退学回家，1969年又从一年级开始读书，直到1974年。1974—1976年在基诺山中学读初中。由于爱好音乐和跳舞，沙车老师发现了他这方面的才能，动员他组建文艺队。白天需出去参加生产劳动，文艺队的训练只能在晚上，而当时在夜晚又没有照明，所以晚上训练时大家就烧起篝火，在篝火旁训练。经过政治运动，大多数基诺人都不再跳基诺族的舞、不再唱基

◀ 白腊先

诺族的歌，跳的都是一些当时流行的舞蹈。特别是大鼓舞年轻人已不会跳，为此白腊先去请两个老人：沙七（已故）和沙腰，希望他们来教大家敲大鼓，跳大鼓舞，虽然两位老人很支持他的想法和做法，但心里面也有一些顾虑。因为在基诺人的观念当中，鼓里面有鬼神，不到节日是不能拿出来的，不然会犯忌。经过白腊先反复动员和开导，他们终于打破禁忌敲起了大鼓。从此以后大鼓就人人都可以敲，走上了舞台，成为欢庆场合必不可少的乐器。

白腊先说，他会把向世界宣传本民族的东西作为自己的责任，尽力把本民族的文化传承下去。

民族文化传承与发展的希望之星：杰布鲁

杰布鲁，1970年出生，基诺山基诺族乡新司土村委会巴朵村人，西双版纳傣族自治州州级非物质文化遗产传承人。

很小的时候，杰布鲁的母亲就教会他唱《盼星星，盼月亮》等歌曲，上中学之后，他对歌唱艺术有了初步认识，通过模仿演唱流行歌曲，学习演唱技巧。高中时期，他学会了弹吉他，并能够使用吉他伴奏演唱各种歌曲。1990年7月，高中毕业后，回到新司土村委会巴朵村，在家务农3年。在此期间，他经常参与乡文化站组织的各种文艺表演活动，对本民族文化有了更为全面和深入的认识。1993年3月，他来到省城昆明进入“云南民族村”基诺寨工作，主要向来参观的游客展示基诺族歌舞和风俗习惯。在此期间，他还代表基诺族参加了云南省“青歌赛”，并在参赛的400多名歌手中闯进了十六强。1995年1月他离开昆明回到了自己的家乡，之后他又来到景洪的原始森林公园景区工作，在此表演“七柯”“布谷”等民族器乐和歌舞，2005年7月被命名为州级非物质文化遗产传承人。此后他经常无偿协助乡文化站收集基诺族古歌、整理基诺族民歌。2006年6月由他自己创作完成的第一首歌曲《娇夺么瞄》问世，显然，他一直在探索把本民族歌舞艺术与现代音乐和歌舞艺术相结合的途径，力图通过自己的努力传承和弘扬本民族文化。2007年4月~2008年年底，他带领十余名基诺族青年来到勐海县茶科所建盖的民族文化传习馆，把这里作为基地，表演和传播基诺族大鼓舞文化。2008年12月他返回基诺山，进入巴坡寨的基诺山寨旅游景区工作，从事大鼓舞等歌舞艺术的表演。2009年他作为主要演职人员之一参加了在北京民族文化宫举行的“基诺族·30年跨越发展”文艺晚会的演出，向全国各族人民充分展示了基诺族的文化。

杰布鲁

第一个推出个人专辑的
青年歌手：沙车

沙车，1986年出生，基诺山扎吕寨人，基诺族学会会员。初中学历。曾先后在西双版纳野象谷景区和基诺山寨从事节目主持、舞蹈表演和导游等工作，目前在家务农。沙车在务农的同时还不断从生产、生活中吸取灵感创造歌曲，还积极响应文化部门的号召多次参与歌舞表演活动，2005年到北京参加《魅力基诺》的演唱活动，2012年4月参加西双版纳“泼水欢歌”青年歌手比赛，进入20强。2013年2月推出个人第一张专辑《扼扯》，收录了14首自己创造的基诺族歌曲，这些歌曲尝试把基诺族歌曲的传统精髓与现代元素相结合，寻找基诺族歌唱艺术的传承发展之路。

沙车

参考文献

1. 杜玉亭著. 和而不同的中国民族学探索：杜玉亭基诺族研究文论. 昆明：云南大学出版社，2009

2. 杜玉亭著. 基诺族社会历史综合调查.《民族问题五种丛书》云南省编辑委员会编、《中国少数民族社会历史调查资料丛刊》修订编辑委员会. 基诺族普米族社会历史综合调查. 北京：民族出版社，2009

3.《基诺族简史》编写组，《基诺族简史》修订本编写组. 基诺族简史（修订本）. 民族出版社，2008. 杜玉亭著. 基诺族简史. 昆明：云南人民出版社，1985

4. 杜玉亭著. 基诺族传统爱情文化. 昆明：云南人民出版社，2008

5. 杨世林等主编. 基诺族医药. 昆明：云南科技出版社，2001

6. 赵捷著. 亲情与亲人. 昆明：云南大学出版社，2001

7. 刘怡，白忠明主编. 基诺族文化大观. 昆明：云南民族出版社，1999

8. 杜玉亭著. 基诺族文学简史. 昆明：云南民族出版社，1996

9. 杜玉亭著. 基诺族. 北京：民族出版社，1996

10. 杜玉亭著. 中国各民族原始宗教资料集成·基诺族卷. 何耀华等主编. 中国各民族原始宗教资料集成·彝族卷白族卷基诺族卷. 北京：中国社会科学出版社，1996

11. 赵捷著. 永不安分的女魂. 昆明：云南教育出版社，1995

12. 景洪市政协文史资料委员会编. 景洪文史资料之三《基诺族》. 成都：成都科技大学出版社，1994

13. 黄桂枢主编. 中国普洱茶文化研究——中国普洱茶国际学术研讨会论文集. 昆明：云南科技出版社，1994

14. 刘怡，陈平编. 基诺族民间文学集成. 昆明：云南人民出版社，1989

15. 盖兴之著. 基诺语言简志. 北京：民族出版社，1986

16. 李拂一编著. 十二版纳纪年. 台北：台湾复仁书屋出版，1984

17. 陈红伟，王平盛等. 布朗族与基诺族茶文化比较研究. 西南农业学报，2010（2）

18. 鲁云. 基诺族的茶文化研究——以西双版纳基诺山么卓村为个案. 茶叶通报，2009（4）

19. 尹绍亭. 基诺族刀耕火种的民族生态学研究. 农业考古，1988（1，2）

20. 蒋铨. 古“六大茶山”访问记. 赵春洲，张顺高编. 版纳文史资料选辑. 第四辑，景洪：1988

后记

基诺族是我参加研究工作以来一直关注的民族。因此，在云南大学王文光教授的推荐下，我欣然接受了《走近中国少数民族丛书·基诺族》的写作工作。可以说，在接受这项写作任务的时候，我心里有几许激动。因为，想着可以把自己从2001年以来积累的关于基诺族文化的知识和图片展示出来，对自己以往的研究工作算是一个小小的交代；对基诺族同胞也是一种感谢的方式。然而，当写作工作正式开始后，我发现困难比自己想象的要大得多。一是，虽然基诺族是一个人口较少民族，但是研究基诺族的文献却已不少，如何在这些已有的研究成果基础上，简明扼要地把基诺族展示出来难度不小；二是，这套丛书要求图文并茂，虽然这些年自己也积累了不少关于基诺族的图片，但是真正图文相配的时候，还是发现会有捉襟见肘之感。正是如此，书稿完成的时间比预计推延了一些。现在书稿就要定稿了，自己也稍稍松了一口气。但书稿的图文究竟如何，还有待读者来检验。

完成这个书稿，参考、借鉴和引用已有研究成果的地方实属不少。但由于写作体例等原因未能在文中一一注明，在此要向被本书直接或间接引用的作者们表示歉意和谢意。书中如果有闪光之处，无疑是与书中引用的这些基诺族研究专家们的辛勤劳动分不开的；当然书中的不足则是本人学识所限，错漏之处，也欢迎方家批评指正。

对于本书，还需要说明的是，书中所用图片除了基诺族人物故事部分中何贵、白腊蕾的照片选自云南网、阿四的照片选自褚有本著《傈僳山寨报春鸟：73年的回忆》之外，其他均来自笔者本人所拍摄和云南大学西南边疆少数民族研究中心暨民族研究院西南少数民族信息数据库采集过程中所摄，拍摄者为笔者本人，以及当时由笔者带队到基诺山进行田野调查的成员，他们是当时在读的硕士研究生史艳兰、方媛媛、李薇、孔德继。由于信息采集过程中所拍摄的图片都以共享的方式存档，并没有具体标明各张图片的具体拍摄者，故在本书中也就不再具体注明。唯有在此对他们表示感谢！谢谢他们对本书做出的贡献。

本书的出版，要特别感谢辽宁民族出版社的李欣老师，她负责与我联系以来，一直都抱着鼓励和包容的心态，使我写作过程中的紧张情绪释然不少。此外，还要感谢王文光教授，他推荐我加入这套丛书的写作行列以来，经常就写作中的一些具体问题给予指导，为我解除了不少困惑。

毫无疑问，本书的写作，最要感谢的是广大基诺族同胞，笔者和所带领的学生多次的田野调查都得到了他们的大力支持，尤其要感谢沙车、白佳林、资切、资木拉、何桂英等基诺族文化精英，以及张云、沙晓桑、李明林等基诺族干部。没有他们，本书的完成是无从谈起的。在此，笔者无以回报，只有不懈怠，希望自己在以后的工作中能够为基诺族的经济社会进步，民族文化的保护、传承与发展做更多力所能及的事。

朱映占

2014年12月于基诺山